本书系广州市哲学社会科学"十四五"规划2023年度课题项目"企业社会责任话语中的穗企形象及其国际传播研究"（项目编号：2023GZGJ23…）的研究成果。

企业社会责任报告的互文翻译质量评估研究

潘杰婧◎著

INTERTEXTUAL TRANSLATION QUALITY ASSESSMENT OF CORPORATE SOCIAL RESPONSIBILITY REPORTS

经济管理出版社
ECONOMY & MANAGEMENT PUBLISHING HOUSE

图书在版编目（CIP）数据

企业社会责任报告的互文翻译质量评估研究 ／ 潘杰
婧著. -- 北京：经济管理出版社，2024. -- ISBN 978
-7-5243-0135-6

Ⅰ. F279.23；H059

中国国家版本馆 CIP 数据核字第 2024KA5070 号

责任编辑：张莉琼
责任印制：许　艳

出版发行：经济管理出版社
　　　　　（北京市海淀区北蜂窝 8 号中雅大厦 A 座 11 层　100038）
网　　　址：www.E-mp.com.cn
电　　　话：（010）51915602
印　　　刷：唐山玺诚印务有限公司
经　　　销：新华书店
开　　　本：720mm×1000mm/16
印　　　张：12
字　　　数：183 千字
版　　　次：2024 年 12 月第 1 版　　2024 年 12 月第 1 次印刷
书　　　号：ISBN 978-7-5243-0135-6
定　　　价：88.00 元

·版权所有　翻印必究·

凡购本社图书，如有印装错误，由本社发行部负责调换。

联系地址：北京市海淀区北蜂窝 8 号中雅大厦 11 层
电话：（010）68022974　　邮编：100038

前　言

　　在全球化时代，企业社会责任（CSR）报告为企业与利益相关方的沟通架起了一座新的桥梁。它不仅是企业展示自身社会责任实践的窗口，更是企业国际形象的重要载体。随着中国经济的快速发展和"走出去"战略的深入推进，越来越多的中国企业开始发布英译版 CSR 报告。CSR 报告的翻译质量不仅关系到企业履责信息的准确传递，更直接影响到企业国际形象的构建和与国际利益相关方的有效沟通。当前，中国政府的"一带一路"倡议进入全面落实阶段，这为企业的国际化提供了前所未有的机遇，同时也对企业的国际传播能力提出了更高要求。优质的 CSR 报告翻译对于提升国家的国际形象、提高对外宣传效果具有重要的现实意义。正是基于上述背景，本书以互文性理论为基础，结合再语境化原则，对 CSR 报告的互文翻译开展了理论探索与实证评估，旨在为中国企业 CSR 报告的英译提供理论支持和实践指导。

　　在研究过程中，本书对互文性分类与表现形式的相关理论进行了详细梳理，提出了单语言语境下互文网络的概念，并进一步指出，在翻译语境中，互文性是由源文本与目的语文本间的强势互文关系联结各自互文网络所构成的"互文哑铃"。基于哈蒂姆与梅森的互文指涉转移模型，本书提出了包括识别、评价与修正三个阶段的互文翻译质量评估操作机制，并构建了一套完整的参数系统。

　　本书回答了以下三个核心研究问题：①中国企业 CSR 报告的源文本在自互文、语篇互文和文化互文维度上分别呈现出何种分布特征？②CSR 报告翻译过程中的互文操作对目的语文本的整体质量有何影响？③造成 CSR 报告翻译中负互文操作的原因有哪些？可采用何种再语境化策略进行应对？

研究结果显示，CSR 报告源语语料库中，表延伸关系的衔接性连词及副词频率最高，达 38.5 个/万词；标准类符形符比（仅实词）为 23.25；318 个平行结构中，近半数采用动词结构；引用中嵌引的频次最高，为 403；惯用语、典故、戏拟的频次分别为 31、96、36；源文本的 26 个子部分中包含 15 个必选子部分与 11 个可选子部分；"报告简介"与"主席致辞"分别由 7 个必选语轮、12 个可选语轮与 5 个必选语轮、9 个可选语轮构成；前 30 个关键词中表示企业社会责任类型的词汇，多数与伦理责任相关；818 个插图配文及新闻、案例标题中，45.1% 以句子形式出现；评价性形容词及副词的每万词频次分别为 288.4、77.8；435 个文化负载资源中，社会历史文化资源频次最高，达 374 个。

基于以上研究结果，本书将正互文操作的比例转换成百分制，得出 CSR 报告翻译在各参数上的再语境化得分。结果显示，中国企业 CSR 报告互文英译的总体质量虽然达标，但仍有提升空间。进一步分析表明，中英语言自身差异（如意合/形合、重复/变化与软性/硬性的倾向）、写作惯例（如抒情/说理与经典引用/权威引用的倾向）、较大/较小的权力距离、高语境/低语境、集体主义/个人主义、长期导向/短期导向与文化意象缺失或内涵不对等的社会、历史因素，以及自然因素等均可能导致负互文操作的产生。

为解决这些问题，本书借鉴改适转换的四种形式，并添加了"要素转化"策略，提出了 CSR 报告翻译的五种再语境化策略，分别为要素重组、要素替换、要素添加、要素删除和要素转化。其中，要素替换包含单位转换、意象替代、句法投射、视角转移四个子策略；要素添加包含直译充实、成分显化两个子策略；要素删除包含结构省略、去文化化、冗余移除三个子策略；要素转化则包含去形取义、语法协调、内涵缩减、具体化、抽象化五个子策略。

本书融合了互文性视角与语料库范式，以 CSR 报告为研究对象，是对商务文本翻译质量评估的有益探索，适合从事 CSR 报告翻译的实践者、翻译研究者以及对跨文化交流感兴趣的读者阅读。希望本书的研究成果能够为相关领域的研究和实践提供有益的参考和启示。

最后，感谢所有为本书研究提供支持的机构和个人，特别是参与研究的团队成员和专家的辛勤付出。由于作者水平有限，对于书中存在的错漏之处，敬请广大专家学者批评指正。

目　录

第1章 引言

本章介绍本书的研究方向、研究理据、研究意义、相关概念定义、研究目标和本书结构。

1.1 研究方向

企业社会责任（CSR）报告，又称"可持续发展报告""环境、社会和治理报告"或"企业公民报告"，是企业与利益相关方沟通进而获得其支持的工具。通过积极发布 CSR 报告，企业可以让公众了解其在经济、法律、员工、环境和社区等方面的社会责任履行情况，减少双方的信息不对称性。此外，还可建立和谐的利益相关方关系，通过公众对企业履任表现的评价，为其赢得未来更好的投资机会（齐丽云等，2016）。随着"企业公民""企业社会责任"等概念的普及，CSR 报告已成为非财务信息披露的主要形式。人民网与中国公益研究院联合发布的一项研究报告显示，2012 年初，中国共发布社会责任报告 1705 份，其中 1496 份由企业发布，较 2011 年增长 70%。近年来，中国发布社会责任报告的机构数量始终保持着每年 20% 以上的高增长率（左娅，2014）。

随着经济全球化的不断深入，越来越多的中国企业顺应"走出去"战略的潮流，开始发布英文版 CSR 报告。从 2018 年《财富》世界 500 强的

120 家中国企业中随机抽取 40 家，对其在官网发布的 CSR 报告及相应简介的调查显示，截至本研究开展时，67.5% 的企业发布过英文版 CSR 报告，最早可追溯到 2005 年。17.5% 的企业已连续 10 年发布英文报告，45% 的企业从 2010 年开始发布英文报告。由于编写需要大量时间和专业知识储备，CSR 报告通常以外包方式完成，而英文版通常是由中文版本翻译而来而非直接用英文创作。因此，CSR 报告翻译质量的高低不仅关乎企业履行社会责任实践信息的准确传递，更重要的是，将直接影响企业国际形象的构建和与国际利益相关方沟通的有效性。

从国家战略角度来看，2013 年 8 月，习近平主席提出"要精心做好对外宣传工作，创新对外宣传方式，着力打造融通中外的新概念新范畴新表述，讲好中国故事，传播好中国声音"。CSR 报告翻译不仅有利于企业自身，也是中国对外传播的重要窗口，优质的 CSR 报告翻译对于推动中国企业在国际视野内履行社会责任、提升企业国际形象、吸引外资、提高对外宣传效果无疑具有紧迫的现实意义。

CSR 报告的研究热点之一是企业社会责任评估体系的构建（Maon et al.，2009；Sardinha et al.，2011；Parast & Adams，2012；Liao et al.，2015），主要侧重于从管理学视角探索适合各国企业社会责任评价的标准、框架和指标。但鲜见语言学层面的 CSR 报告翻译质量评估（TQA），这为本书创造了理想的研究空间。

"互文性"这一概念由法国符号学家 Julia Kristeva 于 20 世纪 60 年代提出，一般指不同文本之间相互参照、相互影响的特性。互文性是所有文本类型的基本条件，为口译、笔译等实践活动中的基本符号概念提供了理想的试验场（Hatim & Mason，1990：121）。因此，在翻译角色重要性日益凸显的全球化语境下，作为一种不可或缺的文化媒介，互文性传递将直接影响翻译质量。再者，翻译普遍被视为"社会语境中发生的交际过程"（Hatim & Mason，1990：3），以文化视角迥异的目标受众为标志的语境转换，使翻译中的"再语境化"成为必然。因此，本书基于互文性理论，以互文符号为参数，再语境化为原则，从互文转换的角度对 CSR 报告的翻译质量进行评估，以期为中国企业 CSR 报告的英译带来启示。

1.2 研究理据

本书对中国企业 CSR 报告的互文翻译质量进行实证评估的研究动机主要基于研究对象、研究视角和研究方法三个方面：

首先，就研究对象而言，当前缺乏针对应用翻译的质量评估，有必要拓展翻译质量评估的研究范围。Holmes（1972）指出，应用翻译研究是传统"纯研究"的一个重要分支，以翻译批评为核心。翻译批评是联结翻译理论与翻译实践的重要纽带（Newmark，2001），而翻译质量评估通常被视作翻译批评的重中之重。但目前的翻译质量评估研究，无论是理论探讨还是实证评估，都主要关注文学作品，国内外对专门用途英语翻译的质量评估尚不多见。本书以 CSR 报告为对象考察其翻译质量，在一定程度上填补了这一空白。

其次，目前未见再语境化或互文性视角下开展的翻译质量评估研究。翻译作为一种复杂的社会活动，涉及源文本（ST）语境、目的语文本（TT）语境以及连接两者的宏观文化语境，因此，源文本在目的语和目的语文化中的再语境化无疑是译者首要遵循的原则。此外，在再语境化原则下，互文性以其丰富的分类与表现手法，为翻译质量评估提供了一套可行参数。尽管再语境化是语言学和传播学的一个热门话题，但较少在翻译领域深入研究，遑论再语境化概念指导下的商务翻译质量评估。

最后，应充分发挥语料库方法的潜在作用，丰富翻译质量评估研究。长期以来，质性评价始终占据主导地位，基于海量真实数据的语料库方法尚未在翻译质量评估中得到广泛应用，尽管翻译语料库为验证假设的等值关系、建立翻译规律模式提供了可靠的方法论工具，是翻译质量评估的重要来源（House，2015）。赵秋荣和肖忠华（2015）也曾预测，未来基于语料库的翻译研究的主要关切之一将是结合定量和定性方法，立足大规模语料库构建具有精细参数的翻译质量评估模型。本书在尝试量化 CSR 报告翻译质量的基础上，分析负互文操作的成因，并探讨应对负互文操作的再语境化策略，展现了语料库驱动和内省方法相结合的优势。

1.3　研究意义

1.3.1　学术意义

从理论上来讲，本书的创新之处在于批判性地调整了互文性类型学，首次在单语语境和翻译语境中分别提出了"互文网络"和"互文哑铃"的概念，以及针对中国企业 CSR 报告的包含识别、评价和修正三个阶段的翻译质量评估操作机制和参数系统。鉴于现有的互文性分类和表现手法多以文学话语为基础，本书新增了互文符号为翻译质量评估参数，并剔除了现有类型中的非典型符号，一定程度上充实了互文性理论。

本书以语料库范式为研究方法，以再语境化为原则，以互文性为参数，构建了翻译质量评估框架，对 CSR 报告翻译质量开展了实证评估，是商务文本翻译质量研究的有益探索，证明了所用参数的可操作性与语料库方法的可行性。该模式可直接用于今后更大规模、更多角度的 CSR 报告翻译评估，并为其他专门用途英语体裁翻译质量评估的参数设置提供借鉴。

本书充分体现了学科融合性，从互文视角评估翻译质量本身就表明了文学理论与翻译研究潜在的学术"姻缘"。再语境化的概念最早由 Bernstein（1990）在社会教育学领域提出，经哲学、传播学等其他学科的广泛阐释，后被引入批评话语分析。再语境化总是伴随着改适转换，而改适转换的内容取决于新语境的利益、目标和价值观（van Leeuwen & Wodak，1999）。针对具体的翻译实践，House（2006）区分出显性翻译和隐性翻译，认为不同的翻译实践是由不同的再语境化策略导致的。本书基于再语境化的改适转换，将再语境化分为要素重组、要素替换、要素增加、要素删除和要素转化等基本类型，在此基础上进一步归纳了再语境化策略及其子策略，显示了各学科上述相关概念在翻译研究中的强大生命力。

1.3.2　现实意义

首先，本书助力 CSR 报告翻译质量的提升，在一定程度上达到了监督中国企业外宣质量的目的。随着披露英文 CSR 报告的中国企业日益增多，本书为之提供了一个具有实用参数的评估框架，一方面可以帮助企业客观认识当前的翻译质量，另一方面可以指导未来的 CSR 报告翻译实践。

其次，良好的 CSR 报告翻译能协助企业的国际利益相关方充分挖掘并利用报告披露的信息，为企业创造更大的商业价值。毋庸置疑，优质的英文 CSR 报告能够提升企业社会形象，使其顺应国际管理规范，实现与国际利益相关方的有效沟通，刺激企业履行社会责任，吸引外来投资和优秀员工，提高风险管理能力和管理绩效，推动企业创新等。

再次，对政府而言，良好的 CSR 报告翻译有助于我国树立良好的国家形象，开展富有成效的对外宣传，"讲好中国故事，传播好中国声音"。

最后，本书构建的平行语料库、可比语料库及提出的翻译策略和改译方案为专门用途英语翻译提供了新颖的教学资源，帮助学生全面了解 CSR 报告的互文特征，从而更好地掌握商务文本的翻译技巧。

1.4　相关概念定义

互文对等。对等是翻译质量评估的概念基础（House，2015）。尽管后结构主义、女权主义等理论出现了文化转向，强调语言之外的社会文化因素，对等一直是翻译理论中的一个核心但颇有争议的议题。Nida（1964）认为，"动态对等"是一种"效果的对等"，即与源语信息最接近的自然对等翻译。Kade（1968）对源文本和目的语文本间的对等做了一个简单分类，区分出完全对等、任意对等、近似对等和零对等。Neubert（1970）指出，翻译对等是一个包含句法、语义和语用部件的"符号范畴"。其他学者也从不同角度探讨了翻译对等的概念，提出了不同的对等类型（谭载喜，2000；Pym，2010；Koller，2011）。

就互文翻译而言，译者的任务是在翻译过程中对互文指涉进行识别与转换。因此，"互文对等"为再语境化一般原则下互文翻译的一种具体操作形式。由于本书采用的参数系统为可识别的有形互文符号，我们将互文对等定义为"CSR 报告源文本中互文符号所隐含的文本内外关系是否以及在多大程度上在目的语文本中得以再现"。

互文偏离。Catford（2000）首次提出了"翻译转移"的概念，并区分出层次转移和范畴转移，将其定义为"从源语向目的语推进过程中形式对应的偏离"。Munday（2001）后来将翻译转移定义为"将源文本翻译成目的语文本的过程中发生的细微语言变化"。与翻译转移类似，本书探讨的"翻译偏离"，作为翻译质量评估的主要研究对象，也是一种语言变化。与上述互文对等的定义相对，互文偏离是指"目的语文本在互文符号所隐含的文本内外关系上是否以及在多大程度上偏离源文本"。

正互文操作/负互文操作。对于翻译质量评估而言，互文指涉的对等和偏离翻译均会对翻译质量产生积极（非消极）或消极影响。我们将两者分别定义为"正互文操作"（Positive Intertextual Operation，PIO）和"负互文操作"（Negative Intertextual Operation，NIO）。前者包括"正互文对等"（Positive Intertextual Equivalence，PIE）和"正互文偏离"（Positive Intertextual Deviation，PID），后者包括"负互文对等"（Negative Intertextual Equivalence，NIE）和"负互文偏离"（Negative Intertextual Deviation，NID）。正互文对等是对译文质量产生积极（非消极）影响的互文指涉的对等转移，正互文偏离指译者在考虑目的语特点、目标读者的阅读习惯和审美偏好以及其他更广泛的社会文化因素的情况下，在目的语文本中对互文指涉所做的任何合理调整。相反，负互文对等指由于译者缺乏对上述因素的考量而对互文指涉做出的损害译文质量的对等操作，负互文偏离则指在目的语文本中对互文指涉所做的任何对译文质量产生负面影响的调整。

互文翻译中的再语境化。Hickey（2001）首次将"翻译中的再语境化"定义为"对某一文本的彻底翻译，即完全或部分放弃字面、命题或言内之意，尽可能保留言外行为，并着重关注言后效果，是对该文本的直接或准确再现"。他认为目的语文本能否产生与源文本类似的言后效果，可能直接取决于其标记强度、注释程度和去语境化的使用。Venuti（2009）则认为，"翻译的再语境化"是指，目的语文本除了形式和语义上的损失，也会获得更多增值，即构成源文本的语言形式和文化价值被超乎词典对等物的、仅在目的语和目的语文化中有意义的文本效果所取代。

显然，Hickey 采取了语用学视角，将再语境化视为一种具体的翻译方法，与标记（公然将文本置于源语语境）和注释（以非侵入性方式传达一定程度的背景信息）并列。就这一点而言，Hickey 的定义似乎有些狭隘，而 Venuti 的理解则具有更丰富的含义。因为除了对目标读者意义不大的、对源文本中文化特定元素的逐字逐句转移以外，要素重组、要素替换、要素增加、要素删除、要素转化等所有操作都源于译者对目标读者知识结构和综合能力的考虑。换言之，任何超乎词典对等物的、在目的语和目的语文化中有意义的文本效果都可以看作再语境化的结果，只是程度不同而已。

本书沿用 Venuti 的广义定义，将再语境化视为指导一般翻译活动的原则，并将互文翻译中的再语境化定义为"译者在重新构建的互文语境中是否以及在多大程度上将目标读者的互文知识储备纳入考量，以确保其能接受并准确理解目的语文本"。

1.5 研究目标

首先，本书以互文性理论为基础，以互文符号为参数，以再语境化为原则，以中国企业 CSR 报告的源文本、目的语文本及目的语原创可比文本为研究对象，旨在探讨源文本的互文特征，并对目的语文本就互文符号转移的再语境化程度开展实证评估。其次，通过对比源文本、目的语文本和目的语原创可比文本在互文性分布上的差异，甄别负互文偏移和负互文对等，获得影响 CSR 报告整体翻译质量的负互文操作数据。最后，采用跨文化研究方法，对负互文操作开展成因分析，并结合语料库中的具体实例，提出 CSR 报告翻译的再语境化策略。

简言之，本书的研究目的是探讨中国企业 CSR 报告源文本的互文特征，对互文符号的翻译质量开展实证评估，并在原因分析的基础上提出应对 CSR 报告翻译中负互文操作的再语境化策略。

1.6 本书结构

本书共包含七章内容。

第 1 章为引言，概述了本书的研究方向、研究理据、学术意义、现实意义、概念定义、研究目标和本书结构。第 2 章回顾并评论了国内外 CSR 报告、翻译质量评估和互文翻译的相关研究。第 3 章对单语语境和翻译语境中的互文性、互文翻译质量评估的操作机制和再语境化等方面展开理论探讨，阐释 CSR 报告互文翻译质量评估的参数系统，构建本书的分析框架。第 4 章为数据和方法，包括研究问题、数据收集、语料库构建与标注、参照语料库、研究方法、研究工具和分析步骤。第 5 章采用描述性研究，从互文网络的三个维度，呈现 CSR 报告源文本各个参数上的统计数据。第 6 章就三个互文维度上的参数，对源文本、目的语文本和目的语原创可比文本进行对比，识别出负互文操作，对 CSR 报告翻译作出总体质量陈述。第 7 章主要探讨负互文操作的成因及 CSR 报告翻译的再语境化策略。

第 2 章　文献综述

本章回顾了 CSR 报告相关研究、翻译质量评估相关研究和翻译中的互文性相关研究，并通过指出这些研究的局限性，阐明本书的研究空间。

2.1　CSR 报告相关研究

CSR 报告是实现企业非财务信息披露的多种途径之一。企业社会责任的概念首先由英国学者 Oliver Sheldon（1924）在其《管理的哲学》一书中正式提出，此后学者们对 CSR 报告的相关研究多遵循商务路径，但近年来基于语言学路径的 CSR 报告研究也开始蓬勃发展。

2.1.1　企业社会责任的定义

尽管早期研究者多把商人视为企业社会责任的唯一承担者，但后来研究者开始意识到，商人除了追逐基本的经济利益外，还应对社会承担一定的责任和义务。"CSR 之父" Bowen（1953）在《商人的社会责任》一书中首次明确回答了商人应该承担何种社会责任的问题。他认为，CSR 即"商人应按照社会的目标及价值观的期许，遵守相应政策，作出相应决策和采取相应行为的义务"　（Bowen，1953）。基于 Bowen 的定义，Davis（1960）进一步指出，商人为履行社会责任所作出的决策和行动至少有部分原因要超出企业的直接经济或技术利益。基于企业绩效的三维概念模型，Carroll 在其著名的社会绩效模型中区分了经济责任、法律责任、伦理责任和企业自由决定责任，被后人广泛采用。这四种社会责任总是同时存在于企业组织内部，企业发展的历史也呈现出由经济、法律、伦理到企业自由决定责任的倾向规律（Carroll，1979）。

尽管学界对 CSR 的定义莫衷一是，但一般认为，CSR 指企业除了为其股东创造利润外，对员工、消费者、环境和社区等其他利益相关方也要承担一定的责任。定期发布 CSR 报告是企业披露其社会责任信息的主要方式。社会责任信息可能是"企业通常与年报一起或以独立报告公开发布的企业社会责任框架下的有关绩效、标准或活动的任何信息"（Brooks & Oikono-mou，2018）。一方面，由于企业身处的经营环境越来越复杂，传统的以股东利润最大化为目标的运营方式带来了一系列的员工福利、环境污染、产品质量等问题，越来越受到社会各界的关注。随之而来的压力要求企业除了股东之外，还要对更广泛的利益相关者承担更多的责任，以实现可持续发展。另一方面，在日趋复杂的经营环境中，以货币形式衡量企业历史经营活动的财务信息已无法充分反映企业面临的机遇和风险，也不能充分体现企业的价值。CSR 报告披露的非财务信息弥补了这一不足，两者的结合可以更好地反映企业未来的财务状况。

2.1.2 CSR 报告研究：商务路径与语言路径

以中国学者的学位论文为例，考察了近年来 CSR 报告的研究视角分布。利用 CNKI（中国知网）的高级检索功能，标题检索词包含"CSR 报告""可持续发展报告"或"企业公民报告"，2014～2019 年共筛选出 57 篇论文，其中 1 篇实为全球报告倡议组织（GRI）发布的《可持续发展报告指南》。因此，共获得以 CSR 报告为研究对象的中国学术论文 56 篇，其中 1 篇是博士论文，55 篇是硕士论文。据统计，在 56 篇论文中有 37 篇是基于会计学或管理学的商学视角，10 篇基于语言学视角，而从翻译视角开展的相关研究仅有 9 篇。

2.1.2.1 管理学或会计学视角

目前国内外管理学或会计学视角下 CSR 报告研究，多聚焦于 CSR 报告的披露制度。例如，de Villiers 和 Alexander（2014）通过比较澳大利亚和南非企业的 CSR 报告，发现两国大部分企业的披露模式并无差异，在管理架构上显著相似，这表明了 CSR 报告的制度化，是披露专业化和参考全球模板的结果。Koskela（2014）以职业健康安全报告为研究对象，揭示了职业健康、职业安全和工作福祉的不同报告情况，并指出企业报告既包括职业健康安全工作的结果，也包括其背后的过程。另一个研究主流是探讨企业社会责任履行或披露的经济影响。陈怡然（2016）从企业社会责任信息披露与资本成本的相互作用入手，考察了企业自愿披露企业社会责任信息的动机，发现上市公司发布 CSR 报告有利于降低资本成本，且降低幅度与披露质量成正比。Qiu 等（2016）探讨了企业环境和社会披露对盈利能力和市值的影响，发现环境披露与盈利能力无关；投资者更看重社会披露，社会披露水平越高，企业市值越高。此外，许多学者还对 CSR 报告质量的影响因素进行了探讨（宋海风，2014；Adnan et al.，2018；Tsalis et al.，2018）。

2.1.2.2 语言学或翻译学视角

近年来，语言学视角下的 CSR 报告研究逐渐兴起。Aiezza（2015）以能源企业为例，研究了 CSR 报告如何利用情态标记构建观点，塑造伦理形象，进而提高企业盈利能力。Fuoli（2012）就评价资源对比了英国石油公司和宜家的 CSR 报告，揭示了两者塑造企业身份的不同方式。类似地，郑文娟（2018）聚焦主席致辞，对比了英美保险业和银行业 CSR 报告中的态度资源，发现不同行业态度资源的使用不同，塑造的企业形象也不同。

在研究方法上，当前语言学视角下的研究多采用对比分析或案例研究，考察某一行业或具体企业的 CSR 报告。就研究焦点来说，常见的有体裁分析、批评话语分析、隐喻、多模态以及术语等。CSR 报告的翻译研究尚不多见，其中学术论文数量极少，且多为案例研究，其余则为翻译实践报告。

2.2 翻译质量评估相关研究

翻译质量评估与翻译批评密切相关，是应用翻译理论的核心问题之一。翻译质量评估研究主要包括翻译研究者和资深译者提出的一系列评估翻译质量的模型或框架，以及基于这些模型和框架对具体译本开展的实证研究。

2.2.1 翻译质量评估的定义与研究范围

在谈论翻译批评时，人们常常对与此概念相关的几个术语，即翻译批评（Translation Criticism）、翻译评估（Translation Assessment）和翻译评价（Translation Evaluation）不加定义，不作区分，互相换用。但司显柱（2004）通过对这几个概念的考察和理解指出，"翻译批评"统摄了翻译评价和翻译评估。从逻辑学的角度来讲，翻译批评是"种"，翻译评估和翻译评价是"属"。换用语言学的说法，翻译批评是上义词，既包括对文本的批评，对翻译理论的评述，还涵盖翻译批评理论。其中对文本的批评也更多地从社会、文化的形而上层面展开。而翻译评估和翻译评价都是下义词，基本限于对翻译文本质量的判断，而且更多的是从文本本身的角度评估译文质量，当然也不排斥从文本外的因素考察文本的语言特征和翻译质量。因此，他不再区分翻译评估和翻译评价，而统一用翻译质量评估来表示对译文质量的价值判断。

显然，翻译质量评估是翻译批评的组成部分。按照 Holmes（1972）对翻译研究分类的论述，翻译研究包括描写、理论、应用三大模块，而翻译批评无疑属于译学研究中的应用领域范畴。图 2-1 展示了翻译质量评估在整个翻译研究中的地位。

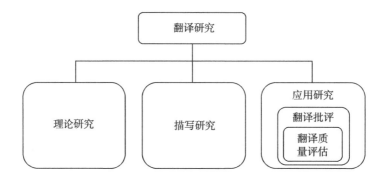

图 2-1　翻译质量评估在整个翻译研究中的地位

胡开宝等（2018）认为，翻译批评是指在一定理论指导下，根据翻译原则和翻译标准，从语言转换和文化信息移植等层面对译作质量的高低及其价值或翻译过程的合理与否进行分析和评价。相应地，翻译质量评估通常被看作翻译批评的一部分，侧重于对翻译产品即翻译文本质量的评估。

2.2.2　翻译质量评估模式研究

依据必须满足的统一翻译标准或是某一文本的具体翻译目的，翻译质量评估模式可分为原则导向型和参数导向型两种（Williams，2004）。前者多为学者根据个人经验提出的抽象翻译标准，因缺乏实证检验具有一定的主观性。此外，由于原则导向型模式的初衷并非解决应用翻译研究中的质量评估问题，不具备系统的程序和参数，较难用于具体的翻译文本评估。因此，原则导向型模式不在本书的讨论范围之内。参数导向型模式通常包含一组评估参数，用于源文本与目的语文本之间的多维比较，以量化的方法评估翻译质量。

House 依据系统功能语言学、语篇分析等理论，引入定量方法，构建了国际翻译批评界第一个理论与实证基础充分且具备比较完整的程序与参数体系的翻译质量评估模式（司显柱，2005）。House（1977）设定了语言使用者和语言使用两个维度，前者包含地域、社会阶层和时间三个参数，后者包含媒介、参与性、社会角色关系、社会态度和领域五个参数。按照源文本分析—目的语文本与源文本对比—译文质量陈述的步骤，评估人员在这两个维度的八个参数上考察目的语文本与源文本的匹配程度，进而甄别隐性错误和显性错误。之后，House（1997）对该模式进行了调整，将语域和体裁分析引入参数系统。近年来，在意识到研究发现可能在语场、语旨、语式上存在重叠后，House（2015）又提出翻译质量评估的新修模式，整合了对比语用学、跨文化交际与理解、全球化、语料库研究和认知翻译相关研究等视角。在这个新修模式中，语场分析仅关注词汇、词汇粒度、词汇领域和韩氏分析步骤。语旨分析仅关注作者身份、社会关系、社会态度和参与性等子类别中的词汇和句法选择。语式分析仍维持原样。图 2-2 显示了 House 翻译质量评估的新修模式（House，2015）。

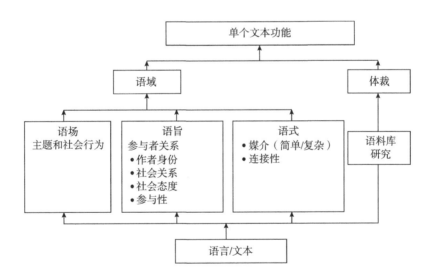

图 2-2　源文-译文分析比较的翻译质量评估新修模式

继 House 最开始提出的模式之后，Wilss（1982）提出了一个译文评估矩阵，横向包含错误、不适切、无法判定、正确及适切五个等级，纵向涵盖句法、语义和语用三个层面。尽管缺乏进一步的实证研究，该矩阵通常

被认为是最早的参数导向型翻译质量评估模式，见表2-1。

表2-1　翻译质量评估矩阵

	错误	不适切	无法判定	正确	适切
句法					
语义					
语用					

van Den Broeck（1985，1986）主张用体现文本功能的"文本素"对源文本与目的语文本进行比较，提出了以源文本和目的语文本的对比语用分析为特征的"翻译质量评估三步法"。首先，对源文本的内部关系和功能进行假设性重构。在这一过程中，可识别出表示文本功能的"文本素"。文本素分析包括语音、词汇和句法成分、语言变体、修辞手法、叙事和诗歌结构以及文本惯例要素等。其次，将目的语文本与源文本就对应要素进行比较。最后，对目的语文本的"文本素"进行评估（House，2015）。

Bensoussan和Rosenhouse（1990）通过话语分析评估学生译文，提出了一个翻译质量评估模型，将翻译错误分为两类。宏观层面主要从框架和图式，微观层面则从命题内容、交际功能、词汇/表达、词性/动词时态、代词一致、衔接、可接受度和语域等来考察译文对源文本的忠实度。

Al-Qinai（2000）基于文本分析，提出了一个翻译质量评估的"折中"方法，以检验译文的充分性。提出以下七个参数：文本类型（领域）和语旨，形式对等性，题旨结构连贯性，焦点、修辞策略和思想观点的衔接性，文本语用对等性，词汇属性和语法/句法对等性（House，2015）。

Williams（2004）基于论证理论，将论证定义为一种通过修辞技巧旨在说服受众的逻辑性话语。他以论证宏观结构和修辞拓扑学为翻译质量评估的基础，具体操作如下：首先，对源文本的论证模式和安排/组织关系开展分析。其次，对译文进行类似分析，评估其"整体连贯性"，以判断是否经过适当修改，是否存在可读性或可接受性问题。再次，就上述范畴开展对比评估。最后，作出论证导向的整体翻译评价（House，2015）。该翻译质量评估模型的核心论证参数见表 2-2（Williams，2004）。

表 2-2　论证导向的翻译质量评估模式的核心参数

论证模式	主张、理由等
安排/组织关系	问题—解决、结论—原因等
命题功能/连词/其他推理指标	澄清、阐述、结果等；附加、反对、因果、时间；先前原因、先前结论
论证	定义、对比、关系等
修辞手法	隐喻、反问等
叙述策略	非人格化等

Munday（2012）则将评价理论应用于翻译质量评估，以功能语言学中的人际意义为基础，通过态度、介入和级差分析，揭示语言使用者的价值取向。由于评价系统的三个维度可进一步细分，因此该翻译质量评估模式也呈现出明显的系统性。

中国翻译领域最早的参数导向型模型出现于 20 世纪 80 年代，比西方稍晚。吴新祥和李宏安（1984）首先提出在表层和深层之间还存在一个修辞层的假说，并基于静态层（词、词组、句子、句群/段落和篇章）和动态层（表层、修辞层和深层）将原作与译作的等值划分为 15 个等值平面，在此基础上实现两者之间的等值转换，见表 2-3。

表2-3　原作与译作的15个等值平面

静态　　　　动态	1 表层	2 修辞层	3 深层
A 词级	A1 词级表层等值	A2 词级修辞层等值	A3 词级深层等值
B 词组级	B1 词组级表层等值	B2 词组级修辞层等值	B3 词组级深层等值
C 句级	C1 句级表层等值	C2 句级修辞层等值	C3 句级深层等值
D 句群（段落）级	D1 句群级表层等值	D2 句群级修辞层等值	D3 句群级深层等值
E 篇章级	E1 篇章级表层等值	E2 篇章级修辞层等值	E3 篇章级深层等值

范守义（1987）受模糊集合理论的启发，利用"隶属度"的概念，提出了一种定量分析译文质量的方法。首先，确定句子作为评价单位；其次，从句法结构、词义搭配、修辞色彩、风格层次、逻辑结构、形象变通、心理转换、社会规范和双关语义等方面对不同译文进行比较；最后，在确定信度控制点后，对不同译文的隶属度开展矩阵分析。

穆雷（1991）沿用范守义的量化模型，提出用模糊统计方法确定隶属度，通过抽样选择评价对象，特别强调了对评估参数分配权数的必要性，由此构建了一个兼顾信、达、雅的论域，每个因素被分为很好、比较好、一般和不好四档。

冯志杰和冯改萍（1996）提出了一个多层级的翻译标准体系，其中信息等价性和信息传递性为一级标准，措辞准确性、逻辑一致性、修辞一致性、文体一致性、语音转化得体、语法规范性、文理通达性和克服文化差异障碍为二级标准。这些标准又可进一步细化，生成三级标准。

李晓敏和杨自俭（2003）认为，译文的最高标准应是"得体"，"得体"之下分成两部分：译文内部因素和译文外部因素。前者又分为内容、形式、风格三个方面，包括主题思想、结构布局和体裁等子参数。后者分为读者对象和社会效益两方面，包括专业读者、高级读者和一般读者，以及政治效益、经济效益和文化效益等子参数。

侯国金（2005）提出了"（语用）标记等效值"的计算方法。根据该方法，人们对原文和译文的若干语用标记价值参数（如措辞、结构、修辞、礼貌等）进行估算和比较，在大意、意图、意向、态度基本没有问题的前提下，如果只有一个译文，探求如何达到"理想译文"的等效高度；如果有若干/很多译文，区分好译文和坏译文；在两种译文都很好的情况下，考察各译文的风格并较客观公正地判断好译文的优劣。

司显柱（2007，2016）以系统功能语言学、篇章语言学和言语行为框架，构建了针对中英语对的翻译质量评估模式。这是国内第一个也是目前唯一一个具有扎实的理论基础、明确的评估步骤和参数以及较强可操作性的翻译质量评估模型（杨汝福，2008），并从初步模型经过不断改进与完善，发展为现今的修订模型，包含两个阶段：第一阶段关注译文的忠实，步骤和参数与初步模型相同；第二阶段关注译文的通达，以目的语可比文本的纲要结构和体现样式为参考，共分为五个步骤，见图 2-3（司显柱，2016）。

2.2.3　翻译质量评估的实证研究

除了理论研究外，应用参数导向型模式对各类文本的翻译质量开展实证评估，是翻译质量评估的另一重要研究领域。以下对相关模型在文学翻译和应用翻译质量评估中的部分实际应用进行阐述。

2.2.3.1　文学翻译质量评估

当前国内外的文学翻译质量评估主要集中在诗歌、散文和小说等文本类型，涉及汉英和英汉两个翻译方向。

胡维（2009）借鉴司显柱模式的程序和参数，对拜伦的诗歌《今天我满三十六岁》三个中译本在意义、音韵和形式层面的对等进行了检验，结果发现杨德豫译本的翻译效果最好，黄望来译本次之，最后是查良铮译本。

吕桂（2010）认为，司显柱模式未能考虑三种语篇类型对翻译的具体要求，以表情文本《故都的秋》为例检验该模型的效度，指出其在过程类型识别、偏离分类和权重设置方面存在问题。刘春燕（2017）选取白居易的古诗《琵琶行》，对许渊冲译本和杨宪益、戴乃迭合译本进行了比较，认为前者采用"亚历山大"体的形式，语言更加生动、丰富、诗意化，而后者采用散文的形式，语言更加忠实、灵活。此外，还有些学者采用 House 的功能语用模型，对小说翻译进行研究，如 Tabrizi 等（2014）对《一九八四》波斯语译本、Kargarzadeh 和 Paziresh（2017）对《追风筝的人》的质量评估等。

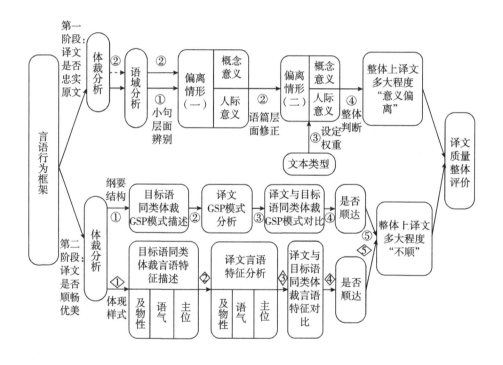

图 2-3 翻译质量评估模式流程

2.2.3.2 应用翻译质量评估

与文学翻译质量评估相比，应用翻译质量评估的研究数量相对较少，所涉文本类型包括旅游文本、政治演讲、企业简介和医学文本等。

Jiang（2010）以博物馆文本为研究对象，探索如何利用"系统"和"功能"的概念，将翻译质量评估模式更好地应用于翻译研究，并通过对评估程序的重新设计，表明翻译质量的评判需要基于语际和文本间对比的实证分析。王云（2012）以马丁·路德·金的著名演讲《我有一个梦想》及其两个汉译本为个案进行质量评估实证研究，指出司显柱翻译质量评估模式相对 House 模式的优点，同时也指出前一模式在评估过程中的不足，如部分评估步骤与参数设置不够客观、评估模式操作性不强、适用性不够广泛以及实证研究不够充分等。Khabir 和 Fumani（2013）运用 Hurtado 的翻译误差分析模型，考察了译自英语的波斯语歌词的翻译质量，发现六种音乐风格的翻译质量未体现出显著差异。值得一提的是，司显柱（2016）本人在对其早期的翻译质量评估模型进行第二次修订后，以体裁分析为工具对企业简介的翻译质量开展了实证研究，证实了新修模型在应用文本中的适用性和可操作性。此外，也不乏对科学文本和广告翻译的实证评估，如医学文本和药品说明书等（Alikhademi, 2015; Zekri & Shahsavar, 2016）。

在研究方法上，由于研究对象通常为篇幅较短的单个文本，以案例研究和人工识别翻译偏离最为常见。然而，逐句考察源文本和目的语文本显然十分耗时，给长文本的翻译质量评估带来较大困难。目前为止，语料库工具在大规模译本质量评估中的优势尚未得到充分发挥。

2.3 翻译中的互文性研究

互文性的概念最早起源于 20 世纪 60 年代的西方符号学，90 年代开始被运用到翻译研究，而中国的互文翻译研究稍晚。鉴于本书以互文性为翻译质量评估的参数系统，在回顾一般翻译和商务翻译中的互文性研究之前，有必要对互文性的定义进行梳理。

2.3.1 互文性的定义

"互文性"的概念由法国符号学家 Kristeva 在 20 世纪 60 年代率先提出。她将其定义为一个生动比喻——每个文本都是由引语拼凑而成的马赛克,都是对其他文本的吸收和转化(Kristeva,1969)。此后,涌现了许多学者对互文性的讨论,包括 Bloom(1976)、Barthes(1981)、Culler(1981)、Génette(1982)和 Derrida(2001)等。Barthes(1981)指出,任何文本都是互本文。在一个文本之中,不同程度地以各种多少能辨认的形式存在着其他文本。任何文本都是过去引文的新织体。Génette(1982)提出跨文本性的概念,认为互文性是其中的一种类型。五种跨文本性分别为互文性、类文本性、元文本性、超文本性和统文性。Génette 对互文性的定义通常被认为是狭义的,因为它只涉及不同文本间的共存关系,包括典故、引语和抄袭(Sakellariou,2015)。Derrida(2001)认为,可以将文本看作一种符号的痕迹,它总是指向自身之外的文本痕迹,在其与他文本间的相互指涉中显示出意义。中国学者秦文华(2007)认为,互文性旨在强调文本与文本之间的相互指涉、感应、接触、渗透、转移等作用,它关注文本的非确定性和非中心性。

以上对互文性的解读确有共同之处。简单地说,互文性就是指文本与文本之间的一种错综复杂的关联,后者的文本指广义上的文本,从翻译的角度看包括语言、文化、文学等众多相互作用的"场",涵盖了天文地理、语言文化、政治历史等从自然科学到社会科学、人文科学甚至不同的人和事等被后现代大师们归入文本范畴的大文本(秦文华,2002)。

2.3.2 互文翻译的一般研究

2.3.2.1 理论研究

Hatim 和 Mason(1990)在《话语与译者》一书中,用整整一章的篇幅讨论了互文性的相关问题,如互文指涉的方法、分类、类型,以及"在翻译语境中被扩展至囊括内嵌被转移的互文指涉的目的语文本"的互文链条。

他们对互文指涉的识别和转移过程进行了特别阐释，后文将结合互文翻译质量评估机制对此进行详述。他们还提出了互文指涉符际翻译的基础，以及一套按重要程度排序的互文指涉转移步骤，证明互文性是"所有文本类型的基本条件，为口笔译等实践活动中的基本符号概念提供了理想的试验场"（Hatim & Mason，1990）。

Hatim 和 Mason（1990）率先将互文性理论系统应用到翻译研究，引发了探讨这一前景的持续浪潮（Littau，1997；García & María，2001；Hermans，2003）。近年对互文翻译贡献了突出观点的学者包括 Federici、Venuti、Farahzad 和 Sakellariou 等。限于篇幅，以下仅做简单介绍。

Federici（2007）将译者比作"置身新的未知文学世界的旅人"，将其互文能力比作"旅途中的行囊"，认为从事互文翻译的译者是不同语言与文化世界的中介者与阐释者，并对其提出诸多要求。Venuti（2009）确定了三组互文关系，指出互文性在译文生成和接受中的核心地位。互文性一方面使翻译变得复杂化，一方面又使得翻译成为可能：互文性给翻译交际带来障碍，又为译本开启了在不同文化环境中的解释能力。这要求提高译文的自主性和译者、读者的自我意识。Farahzad（2009）强调源文本与目的语文本间的互文关系，对翻译中语内层面和语际层面的互文性加以区分，还关注源文本与目标文本之间的关系，即前文本（pretext）和元文本（metatext）。他指出，翻译中的互文性包含两个层次：一为语内层次，即源文本需要考虑在同一种语言中的、在形式和内容方面与其相关的所有的前文本；二为语际层次，即需要考虑与源本文相关的所有前文本，以及在同一语言中，或其他语言中可能存在的源文本。

Sakellariou（2015）概述了翻译理论对互文性的重新评价中出现的特定翻译概念的一般特征，指出翻译被重新定义为一种互文活动。他认为，前人对互文性概念的界定，尽管从不同的角度和目的出发，都或多或少体现出一种一致的系统论取向。在西方翻译研究中引入互文性视角，重塑了翻译学科的发展进程，因为随着确保原作品绝对地位的等级制度的瓦解，翻译实践与译者角色的价值将日益凸显。

事实上，中国学界中翻译与互文性的学术"姻缘"并不在外国文学之后（罗选民，2006），但相当一部分文章本质上为对西方互文翻译理论的引介（程锡麟，1996；黄念然，1999；罗选民，2012）。与国外互文翻译研究一样，多数研究为对互文性运用于翻译研究的可能性的理论阐释。以下重点回顾了2000年以后的相关研究。

秦文华（2002）结合中外翻译史，揭示了不同语际、文化之间的互文作用与翻译的内在关联性，并从历时性与共时性着手对互文运动在翻译中的模式和作用进行了综合论述，以期给翻译研究增加一个新的维度。祝朝伟（2004）指出，互文性对翻译研究具有重大贡献，互文性理论对文本意义生成的论述打破了传统翻译的意义观，发展了现代哲学的理解观，对译者的主体性提出了更高的要求，为翻译研究的宏观构建找到了新的理论依据。秦文华（2007）以文本为入口，揭示了文本隐喻的复杂性，继而将翻译放置到语言、文化、文学等众多广义文本相互作用的"场"中进行考察；从翻译主体层面的交融以及翻译种类的三重划分角度进一步剖析了翻译的互文性特征，从而将翻译这一行为拓展到了人类物质与精神生活符号的方方面面。对于翻译批评理论的构建，秦文华提出中西汇通、传统与现代结合、学科互涉等具有建设性的向度，藉此更好地进行价值重组与方法整合。王洪涛（2010）指出，互文性理论以其独特的文本观、读者观、意义观和文本生成观，作为一种语篇分析手段和文学批评的参照标准，对翻译学研究有着积极的认识论价值和方法论意义。李屹（2011）认为，译者只有努力将原作者的历史视域、译者的当下视域以及读者的未来接受视域进行主动性的动态融合，才能明晰文本内错综复杂的互文关系。甄晓非（2014）将文化翻译研究置于互文性所创立的独特互文空间中，探讨互文理论在源语文本解读和译语文本构建过程中对文化翻译的助益，解析文本间相互指涉和相互交融在两种不同文化载体中的对话意义和价值。理论研究的另一热点为从互文性视角集中对翻译过程所涉及的某一要素进行探讨，如译者地位（秦文华，2005；吴非、张文英，2016）、翻译过程（徐方赋，2013）、可译性（杨焯、纪玉华，2003）、翻译策略或技巧（袁英，2003）、机器翻译（夏家驷、杨绍北，2004）、篇章连贯（钟书能、李英垣，2004）、翻译教学（黄文英，2006）、翻译批评（王树槐、王群，2006；曹山柯，2012；李多，2017）、意识形态（鲁硕，2008）等。探讨互文翻译理论与其他理论的融合，如关联理论（李占喜，2005；顾建敏，2011）、模因论（关海鸥、徐可心，2012），研究某一具体互文性类别或表现形式的翻译，如引用（祖利军，2010；李正亚，2016）或不同体裁，尤其是诗歌（刘军平，2003；吴迪龙，2010）和词典（赵刚、汪幼枫，2006）的互文翻译。

在国内互文翻译的理论建构中，几篇博士论文作出了独到贡献。罗选民（2006）尝试运用互文性理论建立了一条互文翻译研究的途径，以指导翻译理论和实践。他梳理了中西方互文思想的演变及互文翻译的研究状况，探讨了互文概念运用于翻译研究的可行性，提出了互文翻译的三个准则，并探讨了翻译的主体间性问题。秦文华在 2006 年出版的《翻译研究的互文性视角》一书中，提出了互文性视角研究翻译的新方法，指出翻译存在于互文性运动之场中，并拓展了互文性翻译研究的视点，对广义范畴下的翻译，包括写作行为、翻译行为、阅读行为、写作过程、翻译过程、阅读过程和翻译标准等诸多问题进行了深入探讨。黄秋凤（2013）引入术语"互文单位"，指出其具有互文性、凝缩再现性、变异性、异质性、隐蔽性、时代性、民族性和独特性等几个特点，使得互文性研究变得可能与可行。以翻译表征理论作为理论支撑，提出的互文单位翻译三原则以及参考要素，具有很强的实践价值。

2.3.2.2 实证研究

邵斌和缪佳（2011）通过分析英国诗人菲茨杰拉德和中国物理学家黄克孙对波斯中古诗人欧玛尔·海亚姆的四行诗集《鲁拜集》的英译本和汉译本，指出衍译的实质是在互文性基础上翻译和创作的结合，是译诗的有效途径。

向红（2011）考察了杨宪益夫妇和霍克斯两个《红楼梦》英文全译本的前 80 回，发现作者通过相同的互文符号可以传达不同的意图，只有正确理解作者使用互文符号的意图，并根据翻译语境进行调整，才能产出正确的翻译。她还指出，翻译本质上是源文本在目的语文本的社会文化语境中的再语境化。

Schaffer（2012）对政治演讲翻译的研究以"策略"为关键词。他认为跨文化互文性是演讲的普遍特征，并探讨了源文本中引用源语言/文化的策略，以及目的语文本中处理跨文化互文现象的翻译策略。他区分了五种跨文化互文性类型，并总结了六种应对跨文化引用的翻译策略。

Komalesha（2014）试图在翻译的框架内厘清历史、传统、文本和互文性之间的复杂关系，以一部卡纳达戏剧的英译为背景，探讨了译者在互文要素翻译过程中遇到的问题以及采取的应对策略。受 T. S. Eliot 和 Barthes 观点的启发，Komalesha 发现，新作品总是以互文的方式，与赋予其生命的整个传统对话、呼应甚至冲突，多个文本间的互动将原本平平无奇的作品转化为经典之作。Komalesha 最后列举了自己翻译中的例子，提出了互文翻译的困难，如创译与直译的困境，并提出了解决方案。

西风和汉雨（2017）开展了一项互文翻译实证研究，探讨了中国经典哲学著作《问题式、症候阅读与意识形态》的互文性特点和英译策略，具体体现在超文本性与拼贴两个层面。他们发现，原文的互文特征和哲学风貌在语词、语言形态、文本色彩等方面借助译者的并置、调整、变异、融合和持存等策略得以再现。

除了上述研究外，互文性在儿童文学、散文、诗歌、博物馆文本、短篇小说和长篇小说等多种体裁的翻译中也得到了广泛探讨，涉及英语与荷兰语、俄语、格鲁吉亚语、汉语、阿拉伯语和法语等语言对。相关学者包括 Desmet（2001）、Johnson（2002）、Harsha（2007）、Neather（2012）、Thawabteh（2012）、Rolls（2013）和 Kershaw（2014）等。

2.3.3 商务翻译中的互文性研究

近年来，虽然互文翻译的主流研究对象仍是文学文本，但随着人们对互文性理论认识的不断深化，越来越多的学者将注意力转向了商务翻译的各种体裁。利用 CNKI 的高级检索功能，标题检索词并含"intertextuality"

和 "translation"，筛选出 2000 年以来商务翻译相关的文章，主要集中在广告翻译、新闻翻译、公示语翻译、法律文本翻译和医学文本翻译等方面。

（1）广告翻译。吴钟明和邱进（2004）较早探索了互文性在广告翻译中的运作机制，证明了其在联想意义、注意价值和记忆价值方面的适用性。他们指出，在广告翻译中灵活运用源语和目的语文化以及语言形式中的互文因素是完全可行的，不仅能够弥补广告英译过程中原文在意义、结构、风格和形象方面的损失，而且易引起强烈的共鸣，从而推动产品的销售。他们认为，互文性的概念为翻译理论和实践研究提供了新的视角和方法论，同时也提醒译者在将互文性理论应用于广告翻译时应注意的问题。其他探讨广告翻译中的互文性的学者还包括罗选民和于洋欢（2014）、Peng（2018）等。

（2）新闻翻译。龙江华（2004）利用互文性的理论，探讨了新闻英语语篇翻译的技巧与策略。在剖析新闻英语语篇的词汇特征、句型特征、语域特征、修辞特征、语篇特征的基础上，提出了新闻翻译的基本标准，并从语篇层面、语言层面和文化层面探讨了新闻英语语篇翻译中各种互文性因素的识别和翻译技巧。黄昕（2017）则以互文性理论为框架，探究英语经济新闻标题汉译，提出英语经济新闻标题翻译的四个策略：保留互文空间、替换互文空间、减少互文空间和增加互文空间，并总结了互文性视角下英语经济新闻标题汉译的步骤。

（3）公示语翻译。罗选民和黎土旺（2006）详细介绍了公示语翻译的特点、功能、风格及问题，并将翻译失误归为指令不清楚、意图被歪曲、语气不和谐、术语不匹配和文化不兼容几类，为治理公示语翻译提供了理论依据。樊桂芳（2010）也以互文性理论为指导，通过对译入语国家误译案例及相关公示语的分析，探讨了公示语翻译的原则。

（4）法律文本翻译。王海燕和刘迎春（2008）在简述了翻译的互文属性之后指出，法律语篇中的互文手段具备四个功能：显示语篇的权威性、提供术语解释、实现语篇连贯、限定法律适用范围，这四个功能决定了合同法规的翻译是互文建构的过程。另外还指出，译者对合同法规中互文手段的正确识别、阐释和转换是确保合同法规翻译质量的关键因素之一。同样，崔婷婷（2017）也基于法律文本中互文符号的意义和类型，通过对文本中互文符号的识别、理解及翻译方法的研究，探讨了互文性从源文本到目的语文本的传递。

（5）医学文本翻译。王继慧（2011）以三元关系理论、语用学理论和语篇互文性理论为基础，分析了中医药典籍各英译本与原文本的关系，发现译文与原文之间存在着多种互文关系，都具有各自存在的合理性及对于原文本在不同侧面的传播功能，服务于不同目标读者的需要。她进一步探讨了中医药术语的评价方法，主张以标准化译文为主，各种风格和特色的译文互补共存的局面。李正亚（2017）认为，医学英语词汇主要是借助外来语并通过特定的互文构成方式以及词义的互文演变生成的。精通医学英语词汇的来源及出处、形态结构和词义演变，并采用有效的翻译方法，有助于医学英语词汇的互文翻译。

2.4 以往研究的局限性

以下阐述以往 CSR 报告、翻译质量评估、翻译中的互文性研究存在的不足，为本书提供理据。

2.4.1 CSR 报告相关研究的局限性

总的来说，现有 CSR 报告研究多是从管理学或会计学的视角开展的。但近年来，随着商务英语学科的发展，CSR 报告逐渐成为一种重要的商务话语，以语言学理论为核心、融合多种跨学科理论的相关研究也日渐突出。但由于 CSR 报告篇幅较长，相当一部分研究者仅选取部分内容，尤其是以主席致辞为研究对象，难以对报告进行整体的描述、阐释和解释。另外，就现有文献而言，CSR 报告翻译的相关研究多是某一企业某一年度的翻译项目实践报告，严格意义上的 CSR 报告翻译的学术研究非常少，且多为针对个案的翻译策略定性分析。对 CSR 报告互文翻译的探讨更是凤毛麟角，遑论基于语料库范式的翻译质量评估研究。

2.4.2　翻译质量评估相关研究的局限性

（1）原则导向型模式研究。大多数原则导向型的翻译质量评估模式仅是学者基于个人经验提出的抽象翻译标准，缺乏实证检验，具有一定主观性。而且，由于这类模式的初衷并非解决应用翻译研究中的翻译质量评估问题，因此无法提供系统的评估程序和参数，难以应用于具体的翻译文本评估。

（2）参数导向型模式研究。翻译质量评估多遵循定量方法，但其缺陷是无法评估译文整体内容的可接受性（Williams，2001）。以范守义基于模糊数学提出的评估模型为例。首先，由于翻译单位是脱离语境的句子，该模型只能用于篇幅较短译本的评估；其次，有两个以上信度控制点时未考虑权重设定的问题；再次，对隶属度的判断过于主观，缺乏科学性；最后，以"忠实"作为唯一的翻译标准，但忽略了绝对对等原则指导下的高隶属度目的语文本不一定是适切译文的事实。

虽然以该模型为代表的定量评估方法在一定程度上降低了翻译质量评估的主观性，但过于关注错误的具体数量，导致工作量过大，可操作性不强。

司显柱的翻译质量评估模型亦是如此。首先，虽然该模型结合了量性与质性评估方法，但一方面少数案例研究为检验其普适性带来了难度，另一方面人工识别偏离数量，使大规模评估中的可操作性不甚理想。其次，参数系统笼统。例如：在偏离识别中，仅以实现语言三个元功能的词汇语法系统为参数，而未明确各维度上的把控点；在对等考察中，仅提及文本类型/属性作为参数的可能性，缺乏对具体操作的进一步说明。

（3）翻译质量评估的实证研究。当前翻译质量评估的实证研究往往只是对现有模型的沿用，路径大同小异，创新性不强。例如，对司显柱模型的应用研究大多基于其原始模型，而较少关注修订模型。更重要的是，当前翻译质量评估的实证研究多以结果为导向，即少有研究将评估作为包含若干阶段的过程进行探讨，译文评价往往是泛泛而谈，在多译本情况下仅作孰"好"孰"坏"的简单判断，而较少进一步系统探讨翻译策略，提出改译方案或分析误译原因。从这个意义上说，相关实证研究缺乏一定的实践价值。

在研究方法上，以人工识别、典型案例分析和对比研究为主，具体取决于评估工作量，即译文长度。对于篇幅较短的译文，逐句检查目的语文本相对源文本的偏离操作显然十分耗时；而对于较长译文或多个译本，选择典型案例进行讨论或比较无法揭示整个译文的翻译质量。目前，语料库工具在大规模译本质量评估中的优势尚未得到充分发挥。在研究对象上，文学翻译的质量评估多于应用翻译，即便是应用翻译质量评估，体裁也往往囿于新闻报道和广告。就现有文献而言，尚未发现对 CSR 报告翻译质量的实证评估。

2.4.3　翻译中互文性研究的局限性

互文翻译的一般研究。国内对互文翻译的一般理论研究中，简单模仿和重复太多（罗选民，2006），而互文视角下的翻译过程要素研究，几乎没有触及翻译质量评估的领域。此外，探讨互文理论与其他理论的结合时，也较少引入语篇分析中再语境化的相关理论。

多数实证研究仅停留在显性互文性的层面上，对成构互文性的探讨相对较少。原因有两个：首先，分析者对两种语言的文化和文学把握不够深入，无法从体裁、类型或主题等方面对文本进行深入分析。其次，显性互文性相对成构互文性更易识别，故研究者不少，真正对成构互文性感兴趣并进行实际研究的学者却寥寥无几（罗选民，2006）。

商务翻译中的互文性研究。以往对商务翻译中互文性的研究主要存在三个方面的不足：①缺乏专门针对商务文本互文翻译的理论建构。②实证研究主要集中于广告、新闻、公示语、法律文本和医学文本，对 CSR 报告或其他企业非财务信息披露文本翻译中互文性的探讨几乎是空白。③主导研究方法仍是质性的，如例证法和案例分析等。甚至鲜见基本的定量研究，更遑论语料库方法的应用。

2.5　小结

本章回顾了国内外研究者对本书具有启发意义的相关研究，并分别总结了各部分研究的不足之处。

首先，在对非财务信息披露的研究现状进行总体介绍后，阐述了企业社会责任概念的起源和定义以及发布 CSR 报告的原因，并介绍了 CSR 报告研究的商务路径和语言路径。

其次，从定义与研究范围、理论模型和实证研究三个方面回顾了翻译质量评估的相关研究。其中，翻译质量评估模型分为原则导向型和参数导向型，实证研究包括文学翻译和应用翻译。

再次，在定义、一般翻译和商务翻译三个层面概述了翻译中的互文性研究，并从理论和实证两个方面对互文翻译的一般研究进行了阐述。

最后，指出以往对 CSR 报告的研究以管理学或会计学视角为主导，现有原则导向型翻译质量评估模式过于抽象、主观，缺乏系统的评估程序和参数，而参数导向型模式无法从整体上评估译文的可接受性。当前的翻译质量评估实证研究缺乏创新性和实践意义，未能充分发挥语料库工具的优势，且文学翻译的探讨明显多于应用翻译。在互文翻译的一般研究中，模仿和重复的文献过多，多数实证研究局限于对显性互文性的讨论。商务翻译中的互文性研究以定性方法为主，缺乏理论建构，尚未发现针对企业非财务信息披露文本的探讨。

第 3 章　理论框架

本章为本书的理论基础与实证评估提供了必要衔接。首先，揭示了现存互文性分类的共同特点；其次，在此基础上提出翻译语境中"互文哑铃"的概念，为文本中具体互文符号的识别奠定了基础。重新审视了 Hatim 和 Mason（1990）的互文符号识别与翻译框架，据此发现 CSR 报告翻译质量评估之评价阶段的负操作。理论思考的第三个方面涉及再语境化，因为再语境化的改适转换类型为解决 CSR 报告翻译中的负互文操作提供了策略启发。结合 CSR 报告的体裁特征，提出了一套具体的互文性表现形式——或从翻译质量评估的角度，提出了 CSR 报告翻译质量评估的参数系统——并提出本书的分析框架。

3.1　理论考量

本节重点阐述单语和翻译语境中的互文性、互文翻译质量评估的操作机制以及再语境化的相关理论，作为本书后续理论框架的基础。

3.1.1　单语和翻译语境中的互文性

3.1.1.1　互文性的分类

需要指出的是，本书未直接选取任何现有互文性分类或其对应的表现手法作为互文翻译质量评估的参数系统，但不可否认，其是本书理论基础中不可或缺的一部分。以下是从文学、语言学和翻译领域对互文性作出的主要分类。

强互文性/弱互文性。Jenny（1982）区分了强互文性和弱互文性。前者指文本与其引用的其他文本之间存在的显性互文关系，表现为模仿、戏拟、引用、蒙太奇和抄袭等；后者指不突出的隐性互文关系（Allen，2000），读者可以通过文本中的某些元素联想到具有相似观点、风格或主题的其他文本而感受到这种关系。

偶然互文性/必然互文性。Riffaterre（1984）从修辞视角探讨互文性，并区分了偶然互文性和必然互文性。前者指读者熟悉的所有前文本共有的，有助于其充分理解特定文本的任何方面的属性，后者则要求读者具备一定的语法、语言甚至特定文本所处的文化相关知识，对其低层次起源加以考量（Worton & Still，1990）。这两种互文类型之间的界限并不十分清晰，正如 Riffaterre（1981）所指出的，读者可能由于教育水平或时间限制等原因无法识别互文文本，但至少预设了互文的存在。

内部互文性/外部互文性。Lemke（1985）也识别出两种互文关系。首先，特定文本的元素之间存在互文关系。例如，十分钟前提出的论点再次被提及，或几段文字之后对某一观点进行再次引用。其次，是不同文本之间体裁、主题、结构或功能上的互文关系，如另一场合对过去某一观点的再次提及（Hatim & Mason，1990）。

水平互文性/垂直互文性。Kristeva（1986）区分了水平互文性与垂直互文性。水平互文性属于"对话"型关系，存在于某一文本与文本链前后文本之间。垂直互文性存在于某一文本与或多或少构成其直接或间接背景的其他文本之间，即该文本与历史上以不同时间尺度和参数与其相关联的文本之间，也包括与其处于同一时代的文本（Fairclough，1992）。

主动互文性/被动互文性。Hatim 和 Mason（1990）将互文性分为主动互文性和被动互文性两种。主动互文性指能够激活文本以外的知识与信仰系统的强势互文关系，被动互文性仅指文本内部连贯的基本要求，有助于构建意义的连续性。

显性互文性/成构互文性。实证研究的分析框架多基于 Fairclough（1992）的分类方法。他区分了显性互文性和成构互文性。前者指文本明显牵涉其他的具体文本，包括引用、典故、戏拟等，并以引号等特征在文本表面加以明确标记或提示。后者指通过话语秩序要素的融入，构成一种话语类型，在不明确提示的情况下将另一文本纳入当前文本。罗选民（2006）后来也沿用了 Fairclough 的二分法和术语，指出显性互文性包括引用、模仿、糅杂、戏拟，成构互文性包括体裁、规范、类型和主题。

具体互文性/体裁互文性。辛斌（2000）从读者和分析者的角度，将互文性分为具体互文性和体裁互文性两类。具体互文性指文本中出现的有具体出处（写作主体）的他人话语。他认为，具体互文性可以涵盖之前的强互文性、显性互文性和无显性标记的他人话语引用等互文类型。体裁互文性是文本中不同风格、语域或体裁混合的结果，涉及集体主体而非个人主体。

共现互文性/派生互文性。Samoyault（2003）提出了另一种互文性的二元分类，即共现互文性和派生互文性。共现互文性，顾名思义，指两个文本的共现关系，体现为某个文本在另一文本中的实际出现。派生互文性是指某个文本在另一文本中的重复或转化现象（向红，2011）。

广义互文性/狭义互文性。秦海鹰（2004）指出，广义互文性指文学作品与社会历史文本之间的互动，前者一般是对后者的解读和改写。狭义互文性则指某一具体文本与其他具体文本之间的关系，主要表现为引用、戏拟、典故、抄袭、改写等形式。

积极互文性/消极互文性。李玉平（2006）区分出积极互文性和消极互文性。积极互文性是互文要素进入新文本后的"创造性反叛"，产生的新意义与当前文本形成一种对话关系。消极互文性指互文要素进入新文本后意义未发生变化的情形。

内部互文性/外部互文性。邵志洪（2010）也提出了两种互文性：第一种是共时和组合视角下文本内部各要素间的指称关系，称为内部互文性。第二种是历时和聚合视角下不同文本间的指称关系，称为外部互文性。内部互文性涉及文本的连贯和衔接，主要通过语义衔接和结构衔接实现。外部互文性更为复杂，分为显性外部互文性和隐性外部互文性。前者包括引文出处、陈词滥调、文学典故、自我引用、惯用语、谚语、诠释等，后者包括语类互文性、主题互文性、结构互文性、功能互文性等，见表 3-1。

表 3-1 内部互文性和外部互文性

内部互文性	语义衔接	语法衔接	照应 替代 省略 连接
		词汇衔接	同现 复现
	结构衔接	平行结构 比较结构 信息结构	
外部互文性	显性外部互文性	引文出处 陈词滥调 文学典故 自我引用 惯用语 谚语 诠释	
	隐性外部互文性	语类互文性 主题互文性 结构互文性 功能互文性	

宏观互文性/微观互文性。赵静（1999）和王铭玉（2011）都将互文性做了宏观和微观的区分。宏观互文性指文本与其前文本在写作方法和整体布局上的联系。换言之，宏观互文性反映了文学作品宏观层面的思想观念、

艺术手法等都会受到其他作品的影响。微观互文性则指词汇、句子和段落层面的指称关系。具体而言，即某一文本通过典故、启示、戏拟等手段与其他文本建立联系。

强制互文性/可选互文性/偶发互文性。与前人不同，Fitzsimmons（2013）将互文性分为三种类型——强制互文性、可选互文性和偶发互文性。强制互文性指作者有意引发两个或多个文本间的比较或关联。如果读者不具备这种预先理解能力或无法成功"把握联系"，其对文本的理解将是不充分的。可选互文性对超文本意义的影响较小。作为一种可能但非必要的互文关系，可选互文性会略微改变对文本的理解。偶发互文性指读者通常将某一文本与另一文本、文化实践或个人经历联系起来，而原文中却没有任何有形锚点。

3.1.1.2 互文网络

为便于比较，当前互文性的主要分类总结如表3-2所示。

表3-2 互文性的主要分类

	研究者	类别	
二分法	Jenny（1982）	强势	弱势
	Riffaterre（1984）	偶然	必然
	Lemke（1985）	内部（internal intertextuality）	外部（external intertextuality）
	Kristeva（1986）	水平	垂直
	Hatim 和 Mason（1990）	主动	被动
	Fairclough（1992）罗选民（2006）	显性	成构
	辛斌（2000）	具体	体裁
	Samoyault（2003）	共现	派生
	秦海鹰（2004）	广义	狭义
	李玉平（2006）	积极	消极
	邵志洪（2010）	内部（intratextuality）	外部（extratextuality）
	赵静（1999）王铭玉（2011）	宏观	微观

	研究者	类别
三分法	Fitzsimmons（2013）	强制
		可选
		偶发

虽然研究者基于不同的研究目的先后从不同视角对互文性进行了分类，但现有分类方法在很大程度上存在着诸多共性。第一，互文性的多样性已得到广泛认可，具体表现手法包括引用、典故、体裁和形式等。第二，相当数量的分类方法存在重合，体现为一种继承与发展的关系。例如，邵志洪的分类明显具有包罗万象的意义，因为"intratextuality"的概念本身即与Lemke 的"internal intertextuality"以及 Hatim 和 Mason 的"passive intertextuality"互文，而"extratextuality"与 Lemke、Fairclough 和罗选民等的分法几乎并无二致。第三，也是最重要的，虽然冠以不同类名，绝大多数研究者都采用了二分法。所有二分法本质上均以这样的事实为前提——互文性是有形程度的变元，互文关系所在的跨距以有形性和无形性为两个端点。该跨距是由主体文本（host text）、主体语言（host language）中的其他文本和主体文本所在的主体文化圈（host culture）组成的一个复杂网络，其无形性由内向外逐渐递增。在互文翻译质量评估中，可针对特定体裁类型在该网络中设置弹性的参数系统。由此，单语语境中的互文性可重新简单定义，如图 3-1 所示。

图 3-1 表明，在单语语境中存在着三种互文性。第一种互文性存在于主体文本内部，以各种显性手段实现文本自身的衔接与连贯，我们称之为"自互文性"。第二种互文性存在于主体文本和主体语言之间，体现于形式固定的显性手段，如引用、陈词滥调、习语、谚语、惯用语等，半显性的"去语言化"手段，如典故、戏拟等，或在篇章布局、纲要结构、写作方法和主题倾向等方面为主体语言所共享的隐性惯例，如结构、体裁、功能、主题等。其中，隐性手段尤其需要读者对主体语言中的前文本具备一定的

背景知识加以识别。我们称第二种互文性为"语篇互文性"。第三种互文性存在于主体文本和主体文化之间,甄别的前提条件是读者能够深刻掌握构成主体文化诸多方面的知识,包括隐性的主流价值体系、审美习惯和社会历史因素等,我们称之为"文化互文性"。图中的双箭头代表互文关系的双向性。换言之,正如主体文本会受其所在主体语言和主体文化中前文本的影响,主体文本也为其之后的文本提供了互文参照。三种互文性由内向外辐射,构成了互文网络,互文性的显性程度与对读者互文知识的要求程度成反比。

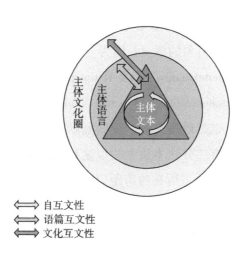

图 3-1   单语语境中的互文网络

3.1.1.3 "互文哑铃"

互文网络与 Hatim 和 Mason 的互文链条可谓异曲同工。为了理解主体文本,读者必须跨越意识形态上中立的本义,探索语言使用背后的意义总和,拼凑所有的互文指涉,搭建成一条线索,将主体文本内后面出现的互文符号、先前出现的互文符号与被唤起的整个知识领域串联起来。而在翻译语境下,这一从前文本到主体文本的互文链条被进一步扩展,即囊括了内嵌被转移的互文指涉的目的语文本(Hatim & Mason, 1990),如图 3-2 所示。

图 3-2　翻译语境下的互文链条

　　毋庸置疑，源文本与目的语文本虽跨越了两种不同的语言系统，但显然两者本身就构成了互文关系，因为前者作为前文本，直接诱导了后者内容与形式的产生。使情况更加复杂的是，目的语文本作为目的语中的主体文本，也处于其自身的互文网络之中。Farahzad（2009）指出，翻译中存在两个层次的互文性：其一为语内层次，即源文本在内容和形式上与其之前的所有同语言文本相关联。其二为语际层次，即目的语文本与源文本及其他所有相同或不同语言的译文相关联。类似地，Venuti（2009）认为，翻译涉及三组互文关系：源文本与其他任何语言文本间的互文关系、源文本与目的语文本间的互文关系（即传统意义上的对等概念）以及目的语文本与其他任何语言文本间的互文关系。然而，两者的不足之处主要有两个方面：第一，仅考察了语篇维度范畴，忽略了源语或目的语中主体文本内部的互文关系。第二，与多数其他学者一样，探讨的多为狭义的具体文本，而较少关注文化因素。此外，Farahzad 强调目的语文本与其他所有相同或不同语言的译文之间的互文性。这表明，一方面，他忽略了目的语、目的语文化中其他原创文本对目的语文本的影响；另一方面，该分类方法更适用于一个源文对应多个译文的文学翻译的情况。然而，就 CSR 报告翻译而言，鉴于其实用功能，往往仅存在一个译本。至于 Venuti 的"其他任何语言文本"则过于笼统，需要考虑的文本范围太广，对翻译质量评估缺乏可操作性。因此，基于单语语境中的互文网络，可以合理衍生出 CSR 报告翻译语境中的互文模型，见图 3-3。

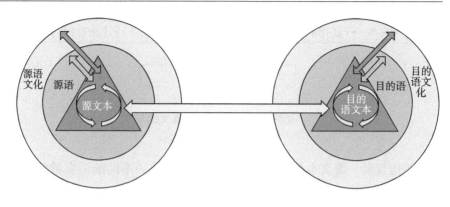

自互文性
语篇互文性
文化互文性

图 3-3   CSR 报告翻译中的"互文哑铃"

一方面，源文本、目的语文本与源语、源语文化以及目的语、目的语文化分别形成各自的互文网络；另一方面，翻译过程本身中源文本与目的语文本便构成强势的互文关系，使翻译语境中的互文模型呈哑铃状。翻译CSR 报告时，译者的任务是通过互文符号识别源文本中各层次的互文关系，旨在实现源文本-目的语文本互文性的对等，或必要时结合目的语文本中各层次的互文关系对源文本中的互文指涉进行转移。相应地，评估人员需对译者在上述过程中的表现实施量性和质性评价，这就牵涉出互文翻译质量评估的操作机制问题。

3.1.2   互文翻译质量评估的操作机制

在翻译实操层面，译者需对源文本中的互文符号保持敏感，这是理解源文本进而产出目的语文本的起点。相应地，评估人员需以这些互文符号为参数，衡量译者对互文性识别、解码与编码的适切性。三个互文维度的显性程度各异，表明互文符号遍布语言系统的各个层级，可以是单词、短语、从句和从句序列等具体元素，也可以是文本、话语和体裁等符号系统单位（Hatim & Mason，1990）。Hatim 和 Mason（1990）指出，互文翻译包含三个步骤：第一，识别互文符号；第二，将互文符号追溯至其前文本，评估互文指涉在互文空间中的符号学地位；第三，重新评估该互文符号在源文本中的符号学意义。整个过程如图 3-4 所示。

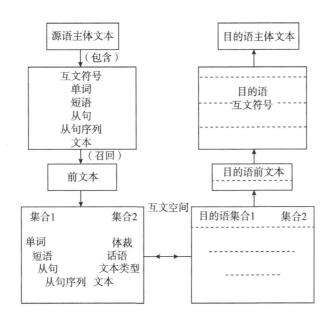

图 3-4　源文本到目的语文本的互文指涉

那么，在互文翻译质量评估中，评估人员可以在哪些层面挖掘？针对译者对互文符号的识别、解码和编码，评估人员需遵循哪些评估程序？每一阶段需考察哪些互文维度？我们认为，各类型前文本中的参数集合（集合 1、集合 2……）恰好与互文性的三个维度——自互文性（显性内互文性）、语篇互文性（显性、半显性及隐性外互文性）和文化互文性（隐性外互文性）——呼应，每一维度均可根据体裁类型设置具体的评估参数。互文空间的跨越反映了联结源文本和目的语文本各自互文网络的强势互文关系。具体来说，互文翻译质量评估的操作机制如图 3-5 所示。

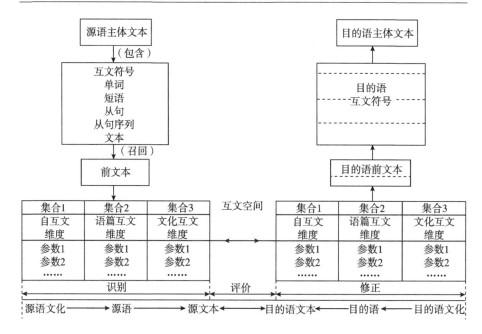

图 3-5　互文翻译质量评估的操作机制

图 3-5 显示了互文翻译质量评估在识别、评价和修正三个阶段所涉互文网络中涵盖的互文维度。源语主体文本和目的语主体文本所在的互文网络均开发了三组参数，后文将根据 CSR 报告的具体体裁特征进行详细介绍。

3.1.3　再语境化理论

3.1.3.1　互文翻译中再语境化的必要性

在上文中我们已经说明，翻译语境中存在着"互文哑铃"，其由源文本和目的语文本间的强势互文关系联结各自所在的三维互文网络所构成。那么问题是，在涉及目的语文本、目的语和目的语文化的翻译语境中，应该遵循哪一维度的互文性？

由于不同文化之间存在共通性，源文本的绝大部分内容都可通过直译为目标读者所理解。然而，在互文关系的翻译中，很难创造与源文本读者相同的效果体验，尤其当目标读者对源文本语言和文化并不熟知时。这是因为，通常目的语或目的语文化中缺乏对等的互文符号，只有通过译者在表现形式上作出调整甚至妥协，方能产生与源文本功能对等的互文效果。这种调整和妥协是在目的语文本、目的语和目的语文化的参与下，通过激活目标读者的互文知识，从而生成文本意义来实现的。此时，源文本与目的语文本之间的联结成为转化源文化中互文关系的媒介，或一条"线索"，沿着这条线索，目的语文化中的互文关系被挑选出来，在目的语文本中重组、交织。因此，从互文翻译生成的角度来看，再语境化是必不可少的。

3.1.3.2 再语境化中的改适转换

"再语境化"这一概念最早由 Bernstein（1990）在社会教育学领域提出。他首先区分了教育话语、实践和组织三个相互依存的语境，即原始语境化、次级语境化和再语境化语境。原始语境化和次级语境化分别指教育话语的生产和再生产，而再语境化则指两者之间调节文本流通的过程。因此，社会教育学中的再语境化意指从原社会实践中提取出某些要素，再将其置于新的话语实践中。这一概念后来在哲学、翻译学，尤其是话语分析等多个领域都得到探讨。一般而言，话语分析中的再语境化是指从原语境中提取出部分文本、符号或意义，并将其置于新语境中的过程。

就具体实现而言，再语境化通常伴随着原社会实践中某些要素的改适转换。简单地说，改适转换是指一种社会实践向另一种社会实践的转变，它"既涉及经济、政治和社会领域之间关系的'重构'，也涉及社会生活不同层次之间关系的'重新调整'"（Fairclough，2003）。van Leeuwen 和 Wodak（1999）认为，改适转换分为重组、替换、添加和删除四种典型类型。在批评话语分析中，重组是指展现的社会实践中的要素以各种方式被重新排列，排列方式取决于新语境的利益、目标和价值观。替换是指社会实践的实际要素被代表其他事物的要素所取代。譬如言语表征（或"提及"），包括"提名""功能化""分类"等。另一个典型的例子是活动替代，如"抽象"和"概括"。添加是指在展现的基础上添加要素，其中"反应"、"目的"和"合法性"是最常涉及的三个方面。而删除中最常见的类型包括删除被动施事和删除参与者相关修饰。

虽然以往再语境化和改适转换的相关研究主要集中在政治话语分析上，但鉴于再语境化在话语交际中的重要地位，其在不同语言间进行的翻译活动中无疑也将发挥重要作用。一方面，当前再语境化在翻译研究中的应用虽然有限，但展现出较大可行性；另一方面，再语境化的四种改适转换类型将为 CSR 报告互文翻译质量评估修正阶段的翻译策略提供可操作性支持。

3.2 本书的理论框架

至此，"互文哑铃"与再语境化仅为翻译质量评估提供了宏观环境和原则。为确保量化评估具有充分的可操作性，需开发一系列参数，以互文转移质量作为翻译中再语境化程度的衡量标准。那么问题是，采用互文性作为 CSR 报告翻译质量评估的参数系统，理据何在？

首先，翻译本身即是一种互文活动，这赋予互文性作为翻译质量评估参数系统的合理性。翻译并非真空环境中的活动，而是于时间连续体中发生在至少两种文化交界处的文本转换，提供了一个语言、文化、文学和其他广义上的文本交互作用的"场域"。这里的"文本"是宽泛意义上的大文本概念，所有体裁与文类，上至天文，下达地理，从自然科学到社会科学、人文科学甚至不同的人和事以及环境、社会、历史都归入这一范畴（秦文华，2002）。

其次，互文性具有全面性的优势。互文性分类与表现形式丰富，具有高度系统性。广义互文性尤其关注文化翻译的难点，而文化翻译本身就包含若干复杂议题。Amman（1990）最早尝试从互文视角开展翻译质量评估。基于目的论，他提出了一个目的语文本导向的翻译质量评估框架，该框架包括五个阶段：确定译文功能、确定译文的文内连贯性、确定源文本功能、确定源文本的文内连贯性以及确定译文与源文本的文本间连贯性。但遗憾的是，Amman 的探讨仅囿于自互文性，而较少关注语篇互文性或文化互文性的参数问题。

最后，CSR 报告中的互文符号在翻译质量评估中具有可操作性。CSR 报告是典型的混合体裁，通常包含报告简介、主席致辞和企业简介等子体裁。作为一种高度惯例化的商业体裁，CSR 报告具备一系列明显区别于其他文本的体裁特征。这些互文符号易于识别且便于比较，为 CSR 报告的互文翻译质量评估提供了可操作性参数。以下对这些参数进行详细描述。

3.2.1　CSR 报告互文翻译质量评估的参数系统

现有互文性表现手法的一个共同点是大都基于文学文本。研究 CSR 报告等非财务信息披露中的典故或戏拟相比古典小说似乎没有多大意义，因为这些互文符号在这类体裁中出现的频率本身要低得多。因此，需要借助语料库方法，聚焦 CSR 报告的体裁特点，适宜调整而非直接借用任何已有的表现手法，以便设置能够满足 CSR 报告互文翻译质量评估需求的参数系统。

翻译绝不仅仅是语言操作，但它首先且永远是关于语言的操作（Mounin，1967）。既然要评估翻译产品，参数设定无疑要从语言形式本身出发。接下来的三节将结合本书的目标、CSR 报告的体裁特征及语料库方法的优势，分别对自互文、语篇互文和文化互文三个维度上识别偏差与对等的参数进行阐述。

3.2.1.1　自互文维度

自互文性存在于主体文本内部，体现为实现文本内衔接与连贯的显性手段，分为语法衔接、词汇衔接和结构衔接。

（1）语法衔接：衔接性连词及副词。在连词、指称、省略和替代中，连词是语法衔接最常见的手段，包括衔接性连词、副词等功能词或短语，通过建立语篇序列、组织话语流、创造衔接性与延续性来促进命题意义的实现（Halliday & Matthiessen，2004）。从这个意义上说，语法衔接相较外部世界的表征更侧重文本的内部组织。这对翻译质量评估的启示在于，遵循目的语群体构建文本的惯例产出的译文比不遵循该种惯例的译文质量更高。此外，通过语料库工具进行词性赋码，可以获取源文本、目的语文本和目的语可比文本在衔接性连词和副词分布上的差异，进而识别目的语文本在语法衔接上的负操作。

（2）词汇衔接：标准类符形符比。在搭配、重复、同义关系、上下义关系和部分关系中，词项的复现是词汇衔接最直接的实现形式（Halliday & Matthiessen，2004）。顾名思义，复现指的是为保持内容的连贯性，相同词项在某一文本中被重复使用。借助语料库工具计算类符形符比（Type/Token Ratio，TTR），恰好可以反映相同词项在文本中的重复使用程度。类符代表语料库中的不同词形，形符则代表词语总数。因此，二者的比值 TTR 可以用来衡量语料库中词形的数量。一般来说，TTR 越高，词汇使用越具有多样性。需要指出的是，由于某一特定语言的类符数在一段时期内是相对固定的，文本篇幅越长，受形符尤其是重复使用率更高的功能词稀释的影响，TTR 越低。因此，将标准类符形符比（Standardized Type/Token Ratio，STTR）即每千词的平均 TTR（可根据语料库规模适当调整）设置为自互文维度的参数，可就词汇衔接对库容不同的三个语料库进行比较。

（3）结构衔接：平行结构。平行结构是语篇组织中的常见现象，指两个或两个以上具有相同句法结构和功能，并通过并列连词或标点符号连接的语言单位（章振邦，1981）。中文和英文固有的语言差异使两者在平行结构的模式上体现出不同的偏好。邵志洪（2001）认为，中文中的平行结构字数要求相等，结构追求匀称，而英文中的平行结构语法要求一致，结构不求匀称。

在 CSR 报告的目录及正文的主副标题中存在着大量典型的平行结构，尤其是源文本，包含许多字数、句法结构相同的标题。即使这些平行结构被冗长的正文割离开来，但是它们在形式上相互呼应，提示读者其陈述的是某一具体企业社会责任议题的不同方面，缔造了内在的逻辑性与系统性。虽然一般来说，选择名词短语或主谓宾结构不会影响源文本再现的忠实性，但目的语文本在平行结构的体现样式上向目的语可比文本的接近程度，会影响其对目标受众阅读习惯的适应程度，从而直接关系到自互文性的翻译质量。因此，平行结构被设定为 CSR 报告翻译中结构衔接的评估参数。

3.2.1.2　语篇互文维度

（1）引用。引用也称引语或引文，用于"通过标题、章节等披露信息来源"（Sebeok，1986）。引用有特殊的标记，如引号、斜体或另外排列的文字等。因为具有上述种种形式上的标记，所以十分容易辨认（罗选民，2006）。CSR 报告中的引用主要有四种形式：第一，以原始形式出现在引号内的直接引用。第二，表明出处的转述形式的间接引用。第三，隐匿出处的间接引用。在 CSR 报告的源文本中，这类引用通常数量不多，来自对古诗词或散文的无意识借用，最常出现在主席致辞或未来展望部分，或为平淡的文字增添中国传统韵味，或起到强调作者观点、加强语言气势的作用。最后一种是将前文本中某一表达置于引号内，作为作者话语内容一部分的"嵌引"，在 CSR 报告源文本中随处可见。有趣的是，为了简化表达、节省篇幅，CSR 报告中的嵌引多以大量"数词+缩略词"结构为代表，如"三重一大""两学一做""五险一金""三会一课"等。由于省略的内容往往具有更重要的信息价值，译者和评估人员需尤为仔细地应对这类互文符号。

（2）惯用语。惯用语是个相对模糊的集合概念，汉语的谚语、歇后语、习语、陈词滥调、四字成语（涉及具体典故的除外）等在本书中均属惯用语范畴。与引用和典故相比，这类语言资源大多来自民间的口口相传，在反复使用中形成了相对固定的表达方式，并遗失了出处。从语场上看，CSR 报告是企业上一财年在经济、社区、员工、环境等方面履责情况的披露，属于陈述性、说明性报告。从语旨上看，交际主体一方面涉及企业自身，另一方面涉及其利益相关方和更广泛的社会公众，体现一种严肃而礼貌的关系。从语式上看，CSR 报告属于典型的书面语言，表达风格正式。因此，由于惯用语口语化的特点，其在 CSR 报告中使用相对较少。不过，鉴于 CSR 报告的体裁丰富性，在源文本的案例、专题报道等记叙性文体中仍可发现惯用语的踪影。

（3）典故。Sebeok（1986）将文学典故定义为"对某部著名作品的引用或提及"。由此看出，典故其实是一种特殊的引用。二者的区别在于，典故是一种间接暗指，没有直接引语中引号、斜体或特殊排版等外部特征。此外，典故因仅仅提及主体文化中具有特定文学意义的人物、地点或事件而具有简洁性和隐蔽性。因此，对这一互文符号的识别需要首先作为读者的译者和评估者具备源语文化一定的文学背景知识，以确保对典故具有足够的敏感性。与惯用语一样，典故多出现在 CSR 报告中的主席致辞、未来展望、案例陈述和专题报道等"软文本"中，在源语读者中产生特定的文化效应。相应地，这要求译者在精准识别的基础上，使用不同的翻译策略，将这种文化效应成功移植到目的语文本中。

（4）戏拟。与典故一样，戏拟与引用关系密切。科林斯英汉词典将戏拟定义为"通过模拟名人风格或以夸张方式表现人们熟悉情形的、具有幽默感的写作、戏剧或音乐仿造"。读者能够迅速还原戏拟的前文本，并得知哪一部分因何做了替换。当前，学界尚未就戏拟的研究范畴达成一致。罗选民（2006）在广义上理解戏拟，认为其不仅包括对惯用表达或文学作品中词句成分进行转换、挪用或改写的显性戏拟，还包括与体裁、主题、文类等发生联系的成构戏拟。邵志洪（2010）将戏拟视为一种特殊的结构互文性。事实上，邵志洪提出的结构互文性中的习语变体、句子模仿和写作模仿大致等同于罗选民的显性戏拟。因此，本书采用罗选民的分类。然而，鉴于 CSR 报告中几乎没有成构戏拟，本书中的戏拟仅指狭义上的显性戏拟。与典故一样，CSR 报告中戏拟的前文本也可以是除文学作品以外的其他作品。

（5）结构互文性：部分及子部分。简单地说，结构互文性指具有结构上的类同关系或相似之处。邵志洪（2010）认为，结构互文性辐射构词、语句、语篇三个层面，包含新词创造、仿词和戏拟（句子模仿和写作模仿）等，见表3-3。

表 3-3 结构互文性

构词结构	语句结构	语篇结构
类比构词 新词创造 汉语四字格	习语变体 句子模仿	写作模仿 写作结构

如前所述，习语变体、句子模仿和写作模仿大致等同于显性戏拟，上文已将其作为单独参数进行阐述。此外，互文构词显然在追求文字游戏和生动描写的英语文学作品中更为常见，而在 CSR 报告（尤其是中文报告）中这类体裁中甚是少见。因此，本书中的结构互文性仅指写作结构互文，以 CSR 报告的部分和子部分为评估参数。

（6）体裁互文性：语轮及语步。体裁是包括具有共同交际目的的一组交际事件。这些目的由母语话语社区的专家成员所认可，从而构成了体裁的基本原理。这种基本原理塑造了话语的纲要结构，影响和限制着内容和风格的选择（Swales，1990）。一方面，专业作家在某一体裁内总是以一致的方式组织整体信息。但另一方面，话语社区的成员常常利用这些限制，在社会公认的目的框架内实现私人意图（Bhatia，1993）。因此，通过对比 CSR 报告典型子体裁的源文本和目的语可比文本的结构组织，能够揭示其在实现交际意图方式上各自的倾向性。由于为了翻译质量评估的便利，需从源文本和目的语文本中提取有代表性的部分进行比较（Newmark，2001），本书中我们选取 CSR 报告中高度惯例化的子部分作为体裁分析的对象，包括报告简介和主席致辞。

体裁互文性维度的评估参数可借鉴 Swales（1990）的语步理论。他提出以语轮和语步为体裁结构的判别要素。正如每个体裁都服务于某一交际目的，每个语轮也都服务于从属体裁整体交际目的的某一典型交际意图（Bhatia，1993）。同样地，每一语步也都进一步服务于从属该语轮目的的交际意图。

（7）主题互文性：主题词。主题互文性指同一主题在不同文本中的参与性。文学作品中的主题既可以是具体的人物形象，也可以是某一抽象概念，在作品中反复提及，或以不同方式呈现于不同文本。幸运的是，语料库工具能够生成主题词表，即相较常规使用频率异常高的词的集合（Scott，1996）。主题词揭示了具体体裁的"话题性"以及该体裁在功能上的显著特征（McEnery et al.，2006）。通过对比源文本、目的语文本和目的语原创文本的主题词表，可以洞悉翻译过程中的主题变化，展开原因分析，并对操作进行评估。

（8）功能互文性之信息层面：插图配文及新闻、案例标题。简单地说，功能互文性即文本使用上的相似性。而翻译领域对"功能"的定义则极其复杂。Malinowski（1923）较早区分了语言的实用功能与魔法功能或仪式功能。Bühler（1934、1965）、Jakobson（1960）等语言学家也随后提出语言的不同功能。系统功能语言学区分了语言的三大元功能——概念功能、人际功能和语篇功能。这些都是宏观层面的探讨，并不涉及文本功能，即语言的实际应用。Reiss（1971）从文本类型学的视角探讨文本功能。她认为，文本的功能决定文本类型，并将文本分为内容导向型文本、形式导向型文本和意向导向型文本。House（2015）在探讨翻译文本功能时批判了Reiss基于语篇类型学的三分法，认为其过于简化，因此对于确定单个文本的功能毫无意义，更勿论功能对等的建立。而后她将文本功能定义为文本在某一情景中特定语境下的使用。本书采取House的观点，认为仅以文本的主导语言功能来定义文本功能是片面的，因为这可能忽视文本的其他功能。

作为非财务信息披露的一种形式，CSR报告按照一定规则和标准，以专业方式详述了某一行业中企业在环境、社区、员工等方面的社会责任实践，因此首先具备内容主导的文本类型特征。为丰富信息维度，提高可读性，文内会穿插大量图片，下方配文简要说明图中人物、地点或事件。此外，为增强说服力，常报道企业履行社会责任及其相关绩效的新闻与案例，如所获荣誉、产品服务创新、社会责任行动等。顶部注有一行文字，概括新闻或案例主要内容。这类配文与标题在功能上等同于新闻语篇的导语，相较报道主体，能更快速地吸引读者注意，使其在有限时间内通过浏览配文和标题最大限度地获取报告的主要内容。因此，设定插图配文及新闻、案例标题为参数，对 CSR 报告翻译信息层面功能的互文性转移进行评估。

（9）功能互文性之宣传层面：评价性形容词及副词。需要注意的是，CSR 报告作为一种商务话语，在提供信息的同时，还具有维护公共关系的宣传目的（Wang & Guan，2013）。如果说信息功能主要由概念意义实现，那么宣传功能则主要是由人际意义实现的。Dik（1997）认为，人际意义可以分为互动人际意义和态度人际意义。前者涉及话语中关乎作者与读者互动的所有方面，后者则涉及作者与读者对话语态度（情感性或批评性）或评价的所有方面。互动人际意义由语气实现，态度人际意义由评价和情态实现（李战子，2001）。作为评价和情态的两种主要表达途径，评价性形容词和副词在 CSR 报告源文本中被广泛使用，传达了公司对其上一财年社会责任履行自豪、确信和乐观的态度。

就宣传性质的 CSR 报告的翻译质量评估而言，目的语文本需向目的语可比文本无限靠拢，以最大限度地贴合人际意义态度层面的体现样式，从而满足目标读者对 CSR 报告的期待，达到类似的言后效果。因此，设定表达公司对其履责态度的评价性形容词和副词为参数，对 CSR 报告宣传层面功能的互文性转移进行评估。

3.2.1.3　文化互文维度：文化负载资源

文化差异往往是译者面临的最大问题，也是造成读者误解的最主要原因（Nida & Reyburn，1981）。翻译的文化转向已被广泛接受，互文翻译归根结底也是文化的翻译。现有的互文性分类大都以狭义的文本为基础，而对广义还是狭义概念的取舍决定了互文研究的外延。换言之，自互文和语篇互文维度并不能涵盖所有互文符号。因此，我们引入文化负载资源作为互文网络第三维度的参数，它指的是除上述互文符号之外读者可以从中获得中国独有的文化意义的任何语言单位。这些意义在大多数情况下为中国文化所特有。

综上所述，CSR 报告翻译质量评估在自互文维度、语篇互文维度和文化互文维度上的参数系统总结见表 3-4。

表 3-4 CSR 报告互文翻译质量评估的参数系统

互文维度		子维度		参数
自互文（显性内互文）		语法衔接		衔接性连词及副词
		词汇衔接		STTR
		结构衔接		平行结构
语篇互文	显性外互文	/		引用
		/		惯用语
	半显性外互文	/		典故
		/		戏拟
	隐性外互文	结构		部分及子部分
		体裁		语轮及语步
		主题		主题词表
		功能	信息层面	插图配文及新闻、案例标题
			宣传层面	评价性形容词及副词
文化互文（隐性外互文）		/		文化负载资源

表 3-4 表明了各维度互文性的方向性和可见性。自互文性展现了文本内部自身的指涉关系，属于内互文性；语篇互文性和文化互文性均涉及文本与其外部其他文本（广义上）的联系，属于外互文性。从内至外，随着参数形式逐渐隐匿，文本与其前文本关联的跨度逐渐增大，互文性的可见性逐渐降低，需要读者识别付出的努力也逐渐增大。

3.2.2 分析框架

基于互文网络及自互文、语篇互文和文化互文三个维度的具体参数，围绕前述研究目标，构建了 CSR 报告互文翻译质量评估分析框架，如图 3-6 所示。

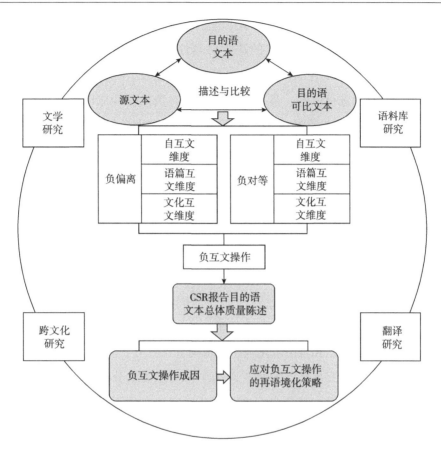

图 3-6　CSR 报告互文翻译质量评估的分析框架

　　首先，分别在自互文、语篇互文和文化互文三个层面描述中国企业 CSR
报告源文本的特点。其次，以相同方式探索目的语文本和目的语可比文本
中的互文符号分布，并对三个语料库开展比较。基于统计数据，结合更广
泛的社会文化因素，识别三个互文维度每个参数上的负偏离和负对等。负
偏离和负对等共同构成负互文操作，从而作出 CSR 报告翻译质量的总体评
估。最后，从跨文化视角分析负互文操作的成因，并据此结合 CSR 报告语
料库中的改译案例提出应对负互文操作的再语境化策略。

　　该分析框架以互文性理论为基础，旨在解决应用翻译研究的核心问题——翻译质量评估，融合了文学概念、语料库方法、跨文化理论与翻译研究，充分体现商务英语研究的跨学科属性。该框架紧紧围绕研究目标，从微观层面对 CSR 报告源文本互文特征的描述出发，在中观层面对负偏离与负对等的识别进行阐释，最后在宏观层面对负操作的成因进行解释。如此，在清晰回答了"是什么""怎么样"和"为什么"三个问题的同时，遵循识别、评价和修正三个相互契合的步骤，构建了完整的互文翻译质量评估模型。

3.3　小结

本章为本书的理论构建。在介绍了互文性的理论背景、源文本-目的语文本的互文指涉模型和再语境化理论的基础上，提出了本书的理论框架。

首先，回顾了互文性的分类，总结了目前主要二分法、三分法的共同之处，提出单语语境中包含自互文、语篇互文和文化互文三个维度的互文网络，并进一步指出，在翻译语境中，互文关系是由"源文本-目的语文本"强势互文关系联结、包含各自互文网络的一个"互文哑铃"模型。根据 Hatim 和 Mason 的"源文本-目的语文本互文指涉模型"，提出了包含识别、评价和修正三个阶段的互文翻译质量评估操作机制，介绍了再语境化的相关理论，强调了互文翻译中再语境化的必要性，并阐述了再语境化的改适转换类型。

其次，在互文网络的三个维度上提出了 CSR 报告互文翻译质量评估的参数系统，包括衔接性连词及副词，标准类符形符比，平行结构，引用，惯用语，典故，戏拟，部分及子部分，语轮及语步，主题词表，插图配文及新闻、案例标题，评价性形容词及副词与文化负载资源等参数。

最后，提出了融合文学概念、语料库方法、跨文化理论与翻译研究的 CSR 报告互文翻译质量评估的综合分析框架。

第4章 数据和方法

本章阐述本书的数据和方法，包括研究问题、数据收集、语料库构建和标注、研究方法、研究工具和分析步骤。

4.1 研究问题

如第1章所述，本书旨在探索中国企业 CSR 报告的互文特征，通过对源文本、目的语文本和目的语可比文本的比较，对互文符号的翻译开展实证评估，以区分负面操作和正面操作，最后分析负互文操作的成因，并结合改译案例，针对 CSR 报告翻译中的负互文操作提出再语境化策略。基于这一研究目标，提出以下三个研究问题。

（1）中国企业 CSR 报告的源文本在自互文维度、语篇互文维度和文化互文维度上分别呈现出何种分布特征？

（2）CSR 报告翻译过程中的互文操作对目的语文本的整体质量有何影响？

（3）造成 CSR 报告翻译中负互文操作的原因有哪些？可采用何种再语境化策略进行应对？

4.2 数据

本书涉及两类语料库，即平行语料库和可比语料库。汉英平行语料库包含中国企业 CSR 报告原文和译文两个子库，由于语域、篇幅和时间跨度上的相似性，两者均可与美国企业原创英文 CSR 报告构成可比语料库。语料库准备工作包括数据收集、建库和语料标注。

4.2.1 数据收集

在 2018 年《财富》世界 500 强企业中随机抽取中国企业和美国企业各 10 家。中国企业分别为中国石油天然气集团、华为、中国海洋石油、中国五矿集团、交通银行、中国船舶重工集团、中国华能集团、万科、国家电力投资集团和鞍山钢铁集团，涉及炼油、网络及通信设备、采矿及原油生产、金属产品、银行、航运、能源和房地产等行业。美国企业分别为沃博联、菲利普斯 66、花旗集团、劳氏、英特尔、思科、甲骨文、耐克、康菲石油和 DXC 科技，涉及制药、炼油、银行、零售、半导体及电子元件、网络及通信设备、计算机软件、服装、采矿及原油生产和信息技术服务等行业。

这些企业连续多年的 CSR 报告均可在其官网上下载，收集最近一年的报告。其中国企业同时具备中文原始版和英文翻译版。共获得 30 份文本，包括 10 份中文 CSR 报告、10 份对应的英文译本和 10 份原创英文报告。前两组构成平行语料库，后两组构成可比语料库。

4.2.2 建库

4.2.2.1 CSR 报告的平行语料库

平行语料库是由源文本及其对应目的语文本构成的双语或多语语料库。

根据翻译方向的不同，平行语料库又可分为单向平行语料库、双向平行语料库和多向平行语料库。在本书中，中国企业 CSR 报告的源文本仅被译成一种外语，翻译方向为中文译为英文。毋庸置疑，该平行语料库是双语、单向的，建库前需要进行文本清洗、语料对齐和对齐检查。

（1）文本清洗。整篇复制粘贴 PDF 文字内容，分别保存为中英 word 文档。删除图片，页眉页脚信息，页码和图表、页边注释等副文本中的纯数字，但保留插图配文，图表注释与新闻、案例标题。使用 word 替换功能合并 PDF 排版导致的大量句中断行，删除多余空行，调整语料库软件无法识别的符号、乱码等。

（2）语料对齐。语料对齐是指将源语语料和译语语料分别保存在不同文本，并使两个文本中的语料按段与段或句与句的关系一一对齐。一般来说，语料对齐包括四个层级：篇章对齐、段落对齐、句子对齐和词语对齐。篇章对齐和段落对齐都是相对粗略的对齐方式，在翻译研究中意义不大。词语对齐因受中英语序和用词差异的限制，很难实现真正或完全意义上的对齐。故双语平行语料库一般采用句子对齐。具体操作方法如下：以句号为单位，中文文本中将句号替换为"句号+段落标记"，英文文本中将"句号+空格"替换为"句号+段落标记"，实现每句一行，以匹配 ParaConc 默认的对齐方式。对源文本中目的语文本的内容开展人工检查和比对，以中文句子为参照，适当拆分、合并英文句子，实现严格的句级对齐。

（3）对齐检查。对齐检查指对中英文本的所有段落均进行编号，以便快速开展对齐复查。将中英文本均以 TXT 纯文本格式保存。需要注意的是，包括 ParaConc 在内的许多多语言处理软件都无法像英语那样将汉字视为一个个单词进行检索。因此，使用 CorpusWordParser 对中文文本进行分词（下文将对本书涉及工具的主要功能进行简要介绍）。接下来，将纯文本文件载入 ParaConc 中进行最终检查，防止出现因多余空行、错位导致的序号对应但内容不对齐的现象。

4.2.2.2 CSR 报告的可比语料库

可比语料库包含两个或多个由不同语言或同一语言不同变体的文本组成的子语料库。可比语料库可细分为单语、双语和多语语料库。单语可比语料库由内容和语境相似的文本组成，通常包含目的语文本和同语种的可比文本；双语或多语可比语料库由内容、语域和交际环境相近，但语种不同的文本组成，主要见于比较语言学。因此，本书中的目的语文本与目的语原创文本构成了单语可比语料库，而源文本与目的语原创文本构成了双语可比语料库。

CSR 报告可比语料库的构建相对容易很多。因为可比语料库不涉及翻译关系，因此除文本清洗外，无须进行语料对齐或对齐检查。

目前为止，我们已构建了 CSR 报告源文本语料库（Corpus of Source CSR Reports，COSCR）、CSR 报告目的语文本语料库（Corpus of Target CSR Reports，COTCR）和 CSR 报告原创文本语料库（Corpus of Original CSR Reports，COOCR）。表 4-1 描述了三个语料库的基本信息。

表 4-1 COSCR、COTCR 和 COOCR 的基本信息

文本	COSCR			COTCR	COOCR
	字数	词数	行数	词数	词数
1	53863	32396	2055	32999	36196
2	49781	31367	1698	29330	14447
3	48579	30255	1675	29511	58664
4	48521	29134	1736	28478	8988
5	48783	30139	1927	26448	32497
6	28245	17482	1045	15311	69875
7	36057	22035	1314	24185	19914
8	30255	18784	1270	17935	35465
9	36078	22227	1386	24639	19669

续表

文本	COSCR			COTCR	COOCR
	字数	词数	行数	词数	词数
10	40485	24166	1356	25289	11899
总计	420647	257985	15462	254125	307614

如果按每 1.6 个汉字对应 1 个英文单词折算，不难得出，COSCR 换算后的规模约为 262904 词（忽略分词软件的切分精细程度），COOCR 的规模约比 COSCR 大 17%，比 COTCR 大 21%。这表明，一般而言，美国企业的 CSR 报告篇幅较长，倾向于用更翔实的方式报告企业在经济、社会、员工、环境等方面的履责业绩，但鉴于其中原因与具体披露内容不在本书的讨论范围之内，在此不作赘述。另外，COSCR 的规模略大于 COTCR，可初步推断 CSR 报告的翻译过程中较多使用了删减策略或直译方法。目的语文本和源文本几乎相同的报告页数和一致的排版布局也能佐证这一点。然而，这种删减或直译是否产生于各互文维度上的参数翻译，有待于后文的具体剖析。

4.2.3　语料标注

所谓标注，就是对语料库中的原始语料进行加工，把各种表示语言特征的附码标注在相应的语言成分上，以便于计算机的识读。本书的语料标注含自动标注和人工标注两部分。前者主要是词性标注，后者主要针对计算机无法直接识别的评估参数，如平行结构、绝大多数语篇互文维度参数（如惯用语、典故、戏拟、部分及子部分、语轮及语步、图片标注、案例标题、评价资源与文化负载资源等）。在这里需要说明两点：第一，计算机对于语言特征的能力毕竟有限，导致有些自动标注可能不尽准确。这一方面是受语料库工具精度的影响，另一方面受语言自身特征影响，如汉语词性变化很多时候并不直接体现在词形变化上，相对英语对语境更加敏感。第二，针对上述问题，对自动标注进行了人工校对和更正，以提升自动标注的准确度。标注完成后，AntConc 及 ParaConc 的索引功能均可对附码进行提取、统计。

4.2.4　参照语料库

主题互文性的参数主题词表的生成，需要借助 AntConc 等语料库工具，在分别提取目标语料库与参照语料库词频表的基础上对比产生。一般来讲，理想的参照语料库在体裁上要尽可能与目标语料库不同，而规模要远远大于目标语料库，以便精确提取目标语料库特有的显著性较高的词语。本书需分别生成 COSCR 和 COOCR 的主题词表，以对主题词在翻译过程中的对等和偏离操作进行识别和评估，因此，需要中英两种语言的两个参照语料库。

COSCR 的参照语料库为"兰卡斯特汉语语料库"（The Lancaster Corpus of Mandarin Chinese，LCMC），系肖忠华博士创建的一个完全免费对公众开放的现代汉语平衡语料库。含 100 万词次，规模将近 COSCR（25.7985 万）的 3 倍。该语料库严格按照英国本族语语料库（Freiburg-LOB Corpus of British English，FLOB）模式编制，但一方面由于中国没有所谓"西部小说"，另一方面，"武侠小说"和"西部和历险小说"从内容性质上同属一类，故第 N 类样本的"西部和历险小说"被改成"武侠小说"。15 个子语域分别为：新闻报道（A），社论（B），新闻评论（C），宗教（D），技能、商业和爱好（E），通俗社会生活（F），传记和杂文（G），政府公文或工业报告（H），学术论文（J），一般小说（K），侦探小说（L），科幻小说（M），武侠小说（N），爱情小说（P），幽默（R）。

COTCR 与 COOCR 的参照语料库选择了英国兰卡斯特大学 Paul Baker 创建的美国英语 AmE06，约 100 万词，规模将近 COOCR（30.7614 万）的 3 倍。与 LCMC 一样，AmE06 共含 500 个书面语文本，每个文本约 2000 词，出版于 2003—2008 年。该语料库按布朗家族语料库的取样模式，包括 15 个子语域，其中除"历险和西部小说"（N），其他 14 个文体类型与上述 LCMC 相同。

4.3　研究方法

4.3.1　语料库与内省方法

翻译质量评估是一种兼具客观性和主观性的活动。客观性体现在任何评估者均可使用的具体参数系统，主观性则体现在不同评估者就同一考察点可能持有不同立场。翻译质量评估的这两个基本属性要求实际操作时需同时考虑客观和主观因素。换言之，在评估翻译产品的质量时，须结合定量和定性方法，因为单独使用任何一种方法都无法实现真正意义上客观的翻译质量评估。因此，翻译质量评估应是主观与客观、定性与定量的有机统一（武光军，2007）。

首先，为描述 CSR 报告源文本、目的语文本和目的语可比文本的互文特征，采用语料库方法，发现在每个参数集合中语言模式的规律。然后就生成的统计数据进一步对三个语料库开展对比。这是区分互文偏离和对等的第一步，构成本书的定量研究部分。

其次，根据第一步的统计数据，筛除正互文对等和正互文偏离，识别出负互文对等和负互文偏离。这是通过根据 COSCR 和 COOCR 中的互文分布特征进行的判断，并必要时对更广泛的社会文化因素进行考量实现的。负互文对等和负互文偏离共同构成了负互文操作，成为衡量中国企业 CSR 报告翻译整体质量的基准。

最后，从跨文化角度分析负互文操作产生的原因，并为解决汉英 CSR 报告翻译中的负互文操作，总结再语境化策略。由于翻译研究是理论概括和翻译实例的不断相互作用（Newmark，1991），结合语料库中的具体语例给出改译方案（当然，这些改译并非唯一方案，可供讨论）。通过这种内省的方式，解决第二和第三个研究问题。

企业社会责任报告的互文翻译质量评估研究

4.3.2 研究工具

具体来说，本书中对三个语料库的描述部分采用了 CorpusWordParser、TreeTagger、AntConc、ParaConc 等语料库工具。下面简单介绍这些工具及其在 CSR 报告翻译质量评估语言特征挖掘中的应用。

CorpusWordParser。CorpusWordParser 是由教育部语言文字应用研究所计算语言学研究室研制的一款语料分词和词性标注软件。它易于获取且对用户友好，可自动识别、处理文本文件的不同字符编码（如 GB、Unicode 等）。在本书中，可检索词性赋码的语料库，获取自互文维度参数衔接性连词及副词，以及功能互文维度参数评价性形容词及副词数据。同样地，词性赋码可用于识别平行结构，插图配文及新闻、案例标题的语法结构。

TreeTagger。TreeTagger 是一个用于处理多种语言的词形信息和词性标注的标注工具，由斯图加特大学计算语言学研究所的 Helmut Schmid 设计和开发。本书将其用作 CorpusWordParser 的对应工具，用于标注 COTCR 和 COOCR。虽然 CorpusWordParser 和 TreeTagger 涵盖了中文和英文的所有主要词类，但遵循的标注方案有所不同。

AntConc。AntConc 是日本早稻田大学 Laurence Anthony 教授于 2002 年开发的免费软件，是一个用于索引和文本分析的语料库分析工具包，可以处理中英文纯文本文件，生成索引、索引图、文件视图、词簇、搭配词、高频词表和主题词表等。本书主要涉及索引、高频词表和主题词表的功能。语料库工具标注方案和手动标注赋码均可由 AntConc 进行检索，生成检索项的全部索引行。

ParaConc。ParaConc 是由 Michael Barlow 研发的一款用于双语及多语语料处理的软件，广泛应用于比较语言学，尤其是翻译研究中的半自动对齐、文本检索、正则表达式检索、赋码检索和平行检索等，能简化并大大提高翻译分析的效率。在本书中，ParaConc 不仅能进行对齐检查，还可在载入 COSCR 和 COTCR 后，生成包含检索项或赋码的所有平行索引行。

· 62 ·

4.4 分析步骤

译者在译文产出之前首先是一位读者。正如 Nida（2001）所指出，翻译无非就是在正确理解文本意义的基础上，用另一种语言对这种意义进行再现，使源文本的文体特征能直接或间接得以充分体现。在互文翻译中，还需要一个识别互文信号的额外过程。简而言之，互文翻译是一个包含识别、解码和编码三个阶段的操作。同样地，评估者首先是一位译者，这意味着对互文翻译质量评估而言，评估者需要先对互文符号的解码和编码进行识别和评估，然后对不合格的翻译操作提出修正方案。因此，我们将本书的分析步骤分解为识别、评价和修正三个阶段。

4.4.1 识别阶段

互文符号的识别是一项描述性工作。主要利用 AntConc 的索引功能，在互文翻译质量评估的参数系统内，对已自动标注和人工标注的 COSCR 进行赋码检索。接着，结合具体语境与各参数下的界定原则，筛除不满足要求的索引行，得到各参数下的整体互文数据后，依各参数的体现样式或系统，对互文数据进行分类。具体步骤见图 4-1。

为便于理解，以平行结构的定义原则和分类方法为例进行阐释。COSCR 中平行结构的标注大体遵循以下四个原则：

第一，标题中的平行结构需处于同一层级。

第二，标题中的平行结构句法结构相同，数量需在三个或三个以上。

第三，标题中的平行结构字数需完全相等。

第四，根据各平行结构的句法结构，对其进行分类，如名词结构、动词结构、介宾结构等。具体类型将在下一章中详细探讨和总结。

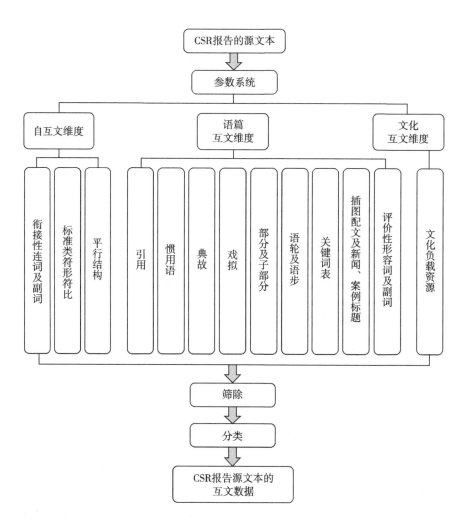

图 4-1　CSR 报告互文翻译质量评估的识别阶段

4.4.2　评价阶段

互文翻译的评价阶段是定量对比与定性分析相结合的过程（见图 4-2）。

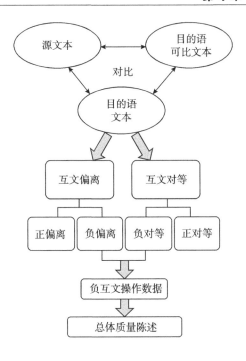

图 4-2　CSR 报告互文翻译质量评估的评价阶段

首先，按照识别阶段的流程与原则，获取 COTCR、COOCR 的互文数据，并与 COSCR 进行对比，区分目的语文本中的对等、偏离操作。其次，根据三个语料库在各参数上的互文倾向与定性分析，对各个对等、偏离操作进行正负赋值。负偏离与负对等数据共同构成 CSR 报告翻译的负互文操作数据，据此作出整体翻译质量陈述。

4.4.3　修正阶段

修正阶段涉及对负互文操作的成因分析，并在第二阶段评价结果的基础上，结合本书语料库中的改译语例，总结出 CSR 报告翻译再语境化的总策略和子策略。

4.5 小结

本章主要介绍了本书的研究问题、数据、研究方法和分析步骤。

首先，回顾了本书的研究目标和研究问题，在此基础上进行了数据收集。从平行语料库和可比语料库两方面介绍了语料库建设工作，包括文本清洗、语料对齐、对齐检查等。接着，描述了 COSCR、COTCR 和 COOCR 的基本数据，并介绍了自动标注与人工标注语料库的方法。

其次，介绍了本书的两种主要研究方法——语料库的定量法和内省分析的定性法，以及主要研究工具，包括 CorpusWordParser、TreeTagger、AntConc 和 ParaConc。

最后，指出互文翻译质量评估是涵盖识别、评价和修正三个阶段的活动，并以流程图和具体实例介绍了本书在各阶段的分析步骤。

第5章 CSR报告源文本中的
互文性分布

  本书以负互文操作作为评估中国企业 CSR 报告翻译质量的基准。需要强调的是，构成负互文操作的负偏离和负对等均是相对源文本而言的，即偏离是对源文本的偏离，对等是与源文本的对等。因此，CSR 报告互文翻译质量评估的第一步是要总体把握 COSCR 中互文符号的分布情况。本章按照互文网络自内向外的自互文维度、语篇互文维度和文化互文维度，对 CO-SCR 在各参数上进行详尽描述，并依次获得其在衔接性连词及副词，标准类符形符比，平行结构，引用，惯用语，典故，戏拟，部分及子部分，语轮及语步，主题词表，插图配文及新闻、案例标题，评价性形容词和副词及文化负载资源上的互文数据，并列出了 COSCR 中的案例对每一参数的互文性分布状况进行说明。

5.1　CSR 报告源文本中的自互文性分布

  如上一章所述，自互文性涉及文本内部的指涉关系，主要通过各种衔接手段实现，可分为语法衔接、词汇衔接和结构衔接。

5.1.1 语法衔接

语法衔接通过连接系统实现,以衔接性连词及副词为具体参数。连接系统中的逻辑语义关系可分为三种类型,即连接手段标记了一段文本对另一段文本的阐述、扩展或增强关系,见图 5-1(Halliday & Matthiessen, 2004)。

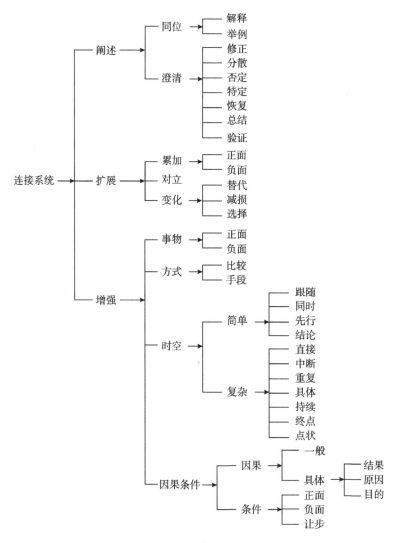

图 5-1 连接系统

连接系统是一个多层级系统，主要分为阐述、扩展和增强三个子系统，每个子系统又各自包含三级和四级系统。在阐述系统中，要素或通过换一种说法（解释）、给出示例（举例）被重新陈述（同位），或以修正、分散、否定、特定、恢复、总结、验证七种不同的方式被更精确表述（澄清）。扩展系统包括累加、对立和变化三个三级系统。累加分为正面累加与负面累加，对立表示转折关系，变化进一步分为替代、减损和选择。增强系统包括事物、方式、时空和因果条件四个三级系统。事物系统通过指涉之前提及的"事物"创建衔接性，包括正面和负面两个子系统。方式系统通过比较或参照手段创建衔接性，也可分为正面比较和负面比较，而手段的表述也通常具有比较性。时空系统在以时间顺序为主要组织原则的语域中至关重要，可分为简单时空系统和复杂时空系统。前者表达跟随、同时、先行和结论四种关系类型，后者表达直接、中断、重复、具体、持续、终结、点状七种关系类型。在因果条件系统中，因果表达可分为一般表达与明确表示结果、原因和目的的具体表达。条件表达分为正面、负面和让步三种类型（Halliday & Matthiessen，2004）。

本书根据连接系统第一层级，对 COSCR 中的衔接性连词及副词进行分类统计。为便于之后与 COTCR、COOCR 比较，进行了每万词标准化处理，结果如表 5-1 所示。

表 5-1　COSCR 中的衔接性连词及副词分布

子系统	绝对频次	每万词频次
阐述	86	3.3
扩展	992	38.5
增强	335	13.0
总计	1413	54.8

COSCR 共含 1413 个衔接性连词和副词，每万词频次为 54.8。扩展、增强和阐述关系的衔接资源按绝对频次从高到低依次为 992、335 和 86，对应

每万词频次分别为38.5、13.0 和3.3。这表明在中国企业 CSR 报告源文本中，绝大多数连词和副词用于强调命题意义间的并列、累加、递进或对立关系。

例5.1

工作锻炼期间，境外岗位锻炼人员<u>一方面</u>通过集中培训对当地电力市场以及当地公司运营与发展的整体情况有了较为系统的了解，为后续工作锻炼与培训奠定基础；<u>另一方面</u>，迅速融入当地工作锻炼实践和当地生活，体验当地风土民情，积极参与各种文体活动，不断深化与本地员工的交流。（中国华能集团）（**并列**）

例5.2

<u>与此同时</u>，项目更构建了"医、护、食、娱、住"全方位的服务体系，以专业医护为依托，康复为特色，为长者打造个性化服务方案，为长者提供专业化、个性化的照护服务。（万科）（**累加**）

例5.3

电力营销和燃料采购工作最根本的就是要抓住电量、电价、标煤采购单价，同时，这三个要素<u>也</u>是提升核心竞争力和盈利能力的关键，<u>更是</u>生产经营的"牛鼻子"。（中国华能集团）（**递进**）

例5.4

数字化和智能化正在给人们带来更多精彩和无限可能，<u>然而</u>有很多人却无法获得这些。（华为）（**对立**）

5.1.2　词汇衔接

第3章已对标准类符形符比可以衡量语料库中的词汇重复程度，从而可以作为词汇衔接维度参数的原因进行了阐释。然而，由于英语是一种形合语言，英语功能词，特别是从句间连词和名词前冠词的使用频率远高于汉语。因此，英语功能词对标准类符形符比的稀释能力远大于汉语功能词。因此，我们认为，仅仅通过对比 COSCR 和其他两个语料库的标准类符形符比来评价目的语文本的词汇衔接程度是有缺陷的。换言之，如果以标准类符形符比作为衡量词汇衔接性的指标，考察实词的重复程度将比考察功能词更有价值。本书剔除了三个语料库中的功能词，仅计算和对比剩余实词的标准类符形符比。具体而言，在 COSCR 中剔除了介词、连词、助词、感叹词和拟声词，仅保留名词、动词、形容词、数词、量词、副词和代词。考虑到语料库规模较大，将标准类符形符比的基数设为 10000 词。COSCR 的相关数据见表 5-2。

表 5-2　COSCR 的标准类符形符比

COSCR				仅实词			
类符	形符	类符形符比	标准类符形符比	类符	形符	类符形符比	标准类符形符比
13877	257985	5.38	21.46	13825	238555	5.80	23.25

根据类符形符比的表述惯例，表 5-2 所列均为实际比率乘以 100 后的结果（后文同理）。COSCR 的类符形符比为 5.38，实词略有上升，为 5.80。这是由于类符数量减少的程度（从 13877 到 13825）不及形符数量的减少（从 257985 到 238555）。同样，COSCR 的标准类符形符比为 21.46，实词上升到 23.25。标准类符形符比远高于类符形符比，说明随着源文本篇幅的增长，越来越多的词语被大量重复使用。

5.1.3　结构衔接

CSR 报告中的平行结构主要来源于目录和正文的各级标题。按照"标题同级、三个以上、句法结构相同、字数相等"的原则，对 COSCR 中的平行结构进行识别。研究发现，COSCR 中的平行结构大致涵盖四种句法结构，即名词结构、句子/主谓结构、动词结构和介宾短语。名词结构可由名词+名词短语、形容词+名词短语、并列名词或名词实现。主谓结构包括名词+动词短语和名词+形容词短语。动词结构包括动宾短语和动词。各句法结构及其子类的频次和占比见表 5-3。

表 5-3 COSCR 中的平行结构分布

句法结构		频次	百分比（%）
名词结构	名词+名词短语	81	25.5
	形容词+名词短语	60	18.9
	并列名词	2	0.6
	名词	5	1.6
	小计	148	46.5
句子/主谓结构	句子	5	1.6
	名词+动词短语	3	0.9
	名词+形容词短语	2	0.6
	小计	10	3.1
动词结构	动宾短语	156	49.1
	动词	1	0.3
	小计	157	49.4
介宾短语		3	0.9
总计		318	100

注：由于计算结果保留到小数点后一位，总计百分比结果可能出现不精确等于100%的情况。

COSCR 共含 318 个平行结构，以动词结构为主导，约占所有平行结构的一半。名词结构位居第二，占比 46.5%，其中名词+名词短语和形容词+名词短语明显居多。句子/主谓结构占比 3.1%，最后是介宾短语，占比仅为 0.9%。下面举例说明 COSCR 中平行结构的主要句法结构类型。

例 5.5

资源开发

工程建设

产业升级（中国五矿集团）**（名词+名词短语）**

例 5.6

创新发展

协调发展

绿色发展

开放发展

共享发展（中国华能集团）**（形容词+名词短语）**

例 5.7

发展是第一要务。

创新是第一动力。

安环是第一保障。

人才是第一资源。

民生是第一关切。（国家电力投资集团）**（句子）**

例 5.8

扶持小微企业

关注三农发展

提升金融服务（交通银行）**（动宾短语）**

5.2　CSR 报告源文本中的语篇互文性分布

从方向上来看，语篇互文性属于外互文性。从可见性上来看，其涵盖了显性、半显性到隐性互文性。因此，除了引用和主题词的识别可借助自动标注外，其他子维度下的各参数均需人工标注。

5.2.1　引用

如前所述，中国企业 CSR 报告源文本中的引用主要分为四种类型：指明出处的直接引语和间接引语、未指明出处的文学引用和嵌引。直接引用和嵌引均可通过引号（单引号和双引号）的索引行获得，而后结合具体语境排除不发挥"指称作用"的索引行。例如，在"华为发布了智能运营中心解决方案，致力于打造城市'大脑'和'中枢'"中，引号的使用暗示"大脑"和"中枢"在语境中具有特殊含义，而非"指称作用"，故被排除。指明出处的间接引语部分可借助言据标记元话语（如"指出"、"提出"、"曾说"）的索引行，辅以人工检查获得。但诗歌或散文中的引用往往不会指明出处，也不用引号引起来，因此需要全人工识别。重复引用按实际出现次数统计，COSCR 中的引用数据见表5-4。

表5-4　COSCR 中的引用分布

引用类型	直接引用	间接引用	文学引用	嵌引	总计
频次	65	10	12	403	490

　　COSCR 中有490处引用，首先频次最高的是嵌引，为403处。嵌引多以缩写形式出现，涉及国家战略、企业制度、政治文化、社会现象等。其次是指明出处的直接引用，作用是增强报告内容的可追溯性，使其真实可信，具有说服力。文学引用和间接引用的数量相对较少，分别为12处和10处。以下给出了每种引用类型的示例。

　　例5.9

　　"中国海油公益基金会对法律援助事业的大力支持，对全面推进依法治国的积极努力，让更多的困难群众和弱势群体深切感受到了党和政府的温暖、社会各界的关爱，让公平正义的理念更加深入人心。"——中国法律援助基金会（中国海洋石油集团）（**直接引用**）

　　例5.10

　　党的十九大提出必须毫不动摇坚持和完善党的领导，毫不动摇把党建设得更加坚强有力，把党的政治建设摆在首位，表明了全面从严治党的信号和决心。（交通银行）（**间接引用**）

　　例5.11

　　千淘万漉虽辛苦，吹尽狂沙始到金。虽然在可持续发展的道路上，存在着各种困难和挑战，但同时，也存在着大量的机遇。（华为）（**文学引用**）

　　例5.12

　　我们始终坚持"绿水青山就是金山银山"的理念，积极响应《巴黎协定》，主动适应"美丽中国"的新要求，应对气候变化，参与环境治理，落

实减排承诺。(中国海洋石油集团)**(嵌引)**

例 5.13

国家电投秉持安全第一原则，进一步强化"红线"意识、"底线"思维，健全安全发展理念、落实安全责任、普及安全知识、提升安全素质，2017 年实现<u>"六不发生、两下降"</u>的年度安全目标。 (国家电力投资集团)**(嵌引)**

5.2.2　惯用语

由于惯用语具有较强的口语色彩，而 CSR 报告属于较为正式的书面文体，因此 COSCR 中惯用语数量相对较少，这也使惯用语恰恰成为最具文化表现力和感染力的互文符号。经过仔细的人工识别，发现 COSCR 中共使用了 31 处惯用语，举例如下。

例 5.14

当今世界，人类已经成为<u>你中有我、我中有你</u>的命运共同体，你胜我负的竞争关系正在被互利双赢的竞合关系所代替，合作是优势互补和互利共赢的现实选择。(中国石油天然气集团)

例 5.15

<u>一方有难八方支援</u>。在灾难面前，我们与所在地人民心相通、情相连、难同担，积极投身救灾活动第一线。(国家电力投资集团)

例 5.16

56 家二级单位实现党委书记、董事长（执行董事）<u>"一肩挑"</u>，17 家二级单位设立了专职副书记，切实发挥党组织把方向、管大局、保落实的重要作用。(国家电力投资集团)

5.2.3　典故

典故一般指对文学作品中读者熟知元素的间接提及。Sebeok（1986）使用狭义的"文学典故"指代所有典故。我们认为，CSR 报告中典故的外延要大于单纯的文学典故。在本书中，历史名人、政治演讲中被后人反复引用而呈固化趋势的元素,尤其是以在某些领域作出杰出贡献的人物命名的各类社会责任奖项,均被视作典故的表现形式。据统计,COSCR 共含 96 个典故,如"鲁班奖""黑猫一号""授渔计划"等,将在下一章结合具体语境详细讨论。

5.2.4 戏拟

戏拟作为一种文学修辞手法,常被创造性地运用在诗歌模仿和幽默语言中。因此,与惯用语和典故一样,戏拟在 CSR 报告等商业体裁中较为罕见。据统计,COSCR 中的戏拟仅有 36 处。同样,这里仅列出一些脱离语境的例子,下一章将对典型戏拟的前文本及其翻译评估进行具体阐释。

例 5.17

2017 年,中国石油官方微门户开通,我们向公众讲述中国石油故事,向社会传递中国石油声音,努力回应公众关切。(中国石油天然气集团)

例 5.18

潮起海天阔,扬帆正当时。2017 年,是鞍钢集团扭亏脱困、振兴发展的关键之年,新目标凝聚新力量、新任务激发新干劲、新征程赋予新使命。(鞍山钢铁集团)

例 5.19

中国海装举办"信手拈花,绽放年华"插花活动。(中国船舶重工集团)

例 5.20

在改造过程中,华能人坚持"谋事在先,贵在精细"以及"成事在干,贵在创新"两个理念,制定时间节点精确到小时和分钟的详细改造计划,确保项目推进速度。(中国华能集团)

5.2.5 结构

COSCR 中的 10 篇 CSR 报告均包括前言、主体和附录三部分,分别包含 14 个、5 个和 7 个子部分。仿照体裁分析中的语轮结构,计算出各子部分在 10 篇报告中出现的频数和比率。鉴于本书中的三个语料库收录的报告篇数均仅有 10 篇，数量较少，故将阈值提高到 80%，即占比在 80% 及以上的子部分为 CSR 报告源文本的必选子部分，低于 80% 的为可选子部分。结果见表 5-5。

表 5-5　CSR 报告源文本的部分及子部分分布

部分及子部分		名称	频次	百分比（%）	类型
部分一：前言	子部分 1	报告简介	10	100	必选
	子部分 2	目录	10	100	必选
	子部分 3	主席致辞	10	100	必选
	子部分 4	公司简介	10	100	必选
	子部分 5	奖项表彰	9	90	必选
	子部分 6	组织结构	6	60	可选
	子部分 7	产业布局	5	50	可选
	子部分 8	企业文化	7	70	可选
	子部分 9	重要性	5	50	可选
	子部分 10	公司治理	6	60	可选
	子部分 11	可持续性管理	9	90	必选
	子部分 12	利益相关者参与	10	100	必选
	子部分 13	可持续发展目标执行情况	2	20	可选
	子部分 14	党建	5	50	可选
部分二：主体	子部分 1	社会责任专题	8	80	必选
	子部分 2	经济责任	10	100	必选
	子部分 3	环境责任	10	100	必选
	子部分 4	员工责任	10	100	必选
	子部分 5	社区责任	10	100	必选
部分三：附录	子部分 1	各年业绩数据	8	80	必选
	子部分 2	未来展望	7	70	可选
	子部分 3	术语表	3	30	可选
	子部分 4	指标索引	10	100	必选
	子部分 5	全球契约履行	3	30	可选
	子部分 6	外部验证报告	6	60	可选
	子部分 7	反馈表	8	80	必选

源文本中的 26 个子部分通常以上述顺序出现，其中 15 个为必选子部分，即报告简介、目录、主席致辞、公司简介、奖项表彰、可持续性管理、利益相关者参与、社会责任专题、经济责任、环境责任、员工责任、社区责任、各年业绩数据、指标索引和反馈表。其余 11 个为可选子部分，包括组织结构、产业布局、企业文化、重要性、公司治理、可持续发展目标执行情况、党建、未来展望、术语表、全球契约履行和外部验证报告。

5.2.6 体裁

体裁分析以 CSR 报告中高度惯例化的必选子部分为对象，包括报告简介和主席致辞。计算出各语轮出现的频数和比率，将阈值设定为 80%，即占比在 80% 及以上的语轮为必选语轮，低于 80% 的为可选语轮。据统计，COSCR 中 10 篇报告简介包含 19 个语轮，见表 5-6。

表 5-6　COSCR 中报告简介的语轮结构

语轮	名称	频次	百分比（%）	类型
语轮 1	开始年份	6	60	可选
语轮 2	报告序数	7	70	可选
语轮 3	报告目的	3	30	可选
语轮 4	报告主体	6	60	可选
语轮 5	指代说明	10	100	必选
语轮 6	时间范围	10	100	必选
语轮 7	报告周期	9	90	必选
语轮 8	编写原则	3	30	可选
语轮 9	内容范畴	6	60	可选
语轮 10	信息来源	9	90	必选
语轮 11	涉及议题	2	20	可选
语轮 12	报告方法	4	40	可选
语轮 13	指南参照	10	100	必选
语轮 14	语言版本	8	80	必选
语轮 15	数据说明	5	50	可选

续表

语轮	名称	频次	百分比（%）	类型
语轮 16	独立审验	2	20	可选
语轮 17	相关信息链接	1	10	可选
语轮 18	获取及联系方式	10	100	必选
语轮 19	报告编委会	1	10	可选

在报告简介的 19 个语轮中，7 个为必选语轮，即指代说明、时间范围、报告周期、信息来源、指南参照、语言版本和获取及联系方式。其余 12 个为可选语轮，包括开始年份、报告序数、报告目的、报告主体、编写原则、内容范畴、涉及议题、报告方法、数据说明、独立审验、相关信息链接和报告编委会。19 个语轮通常以表 5-6 中顺序出现。

COSCR 中的 10 篇主席致辞包含 14 个语轮，见表 5-7。

表 5-7　COSCR 中主席致辞的语轮结构

语轮	名称	频次	百分比（%）	类型
语轮 1	称呼	1	10	可选
语轮 2	表达问候	3	30	可选
语轮 3	建立资质	5	50	可选
语轮 4	报告摘要	1	10	可选
语轮 5	社会责任理念	9	90	必选
语轮 6	履责优势	2	20	可选
语轮 7	背景回顾	6	60	可选
语轮 8	政治责任	8	80	必选
语轮 9	企业社会责业业绩	9	90	必选
语轮 10	展望未来	10	100	必选
语轮 11	致谢	4	40	可选
语轮 12	征求反馈	4	40	可选
语轮 13	签名	10	100	必选
语轮 14	时间	3	30	可选

在主席致辞的14个语轮中，5个为必选语轮，即社会责任理念、政治责任、企业社会责任业绩、展望未来和签名。其余9个为可选语轮，包括称呼、表达问候、建立资质、报告摘要、履责优势、背景回顾、致谢、征求反馈和时间。14个语轮通常以表5-7中顺序出现。

5.2.7　主题

利用AntConc，以LCMC为参照语料库，生成COSCR的主题词表，按照关键性排序。表5-8列出前30个主题词及其相应频次。

表5-8　COSCR的前30个主题词

排序	频次	关键性	主题词
1	1066	3152.054	员工
2	950	2943.582	2017
3	1636	2890.89	管理
4	1045	2633.823	安全
5	1117	2516.234	项目
6	1329	2357.348	公司
7	742	2110.147	创新
8	843	1982.778	责任
9	780	1833.752	报告
10	704	1686.655	集团
11	621	1673.043	能源
12	776	1597.558	开展
13	1150	1541.12	企业
14	516	1504.542	提升
15	1210	1473.467	中国
16	617	1408.464	华
17	530	1357.341	绿色
18	709	1355.04	服务
19	488	1307.812	推进
20	419	1298.275	2016

续表

排序	频次	关键性	主题词
21	857	1259.493	建设
22	403	1248.699	可持续发展
23	451	1241.474	鞍钢
24	473	1208.436	培训
25	432	1116.109	电
26	489	1051.404	合作
27	353	1043.52	扶贫
28	339	1037.217	环保
29	350	1018.913	社区
30	1271	1005.868	发展

　　为理解以上主题词在揭示 CSR 报告源文本主题互文性方面发挥的作用，有必要按照企业社会责任的构成要素对其进行分类梳理。Jamali（2007）指出，企业社会责任可分为强制性社会责任与自愿性社会责任。前者涵盖经济、法律和伦理社会责任，后者包括战略性社会责任和利他性社会责任。强制性社会责任是企业保证在市场上正常运转所必须履行的责任，而自愿性社会责任具有可选择性，尽管消费者和社区都希望企业无论是为了社会利益、自身长远利益，还是兼而有之，都能够承担更多的此种社会责任。从下到上，Jamali 的模型依次涵盖经济、法律、伦理、战略性和利他性社会责任五个层次，因此得名"3+2"社会责任模型，见图 5-2。

　　具体来说，经济责任指企业应把股东和投资者的经济利益放在首位——企业要提供满足消费者需求的产品和服务，以获取最大利润。此外，企业要尽可能多地创造就业机会，追求技术进步，开发新市场、新资源，促进创新等。通过履行法律责任，企业将其决策与行动限制在各级政府和相关组织制定的法律法规范围之内。伦理责任的核心要义是"做正确的事"，体现了一系列标准、规范和期望，反映了消费者、员工、股东和社区等对公平、公正以及尊重和保护利益相关方道德权利的诉求（Carroll，

1991)。例如，履行伦理责任的企业会生产更环保的产品，或更严格遵守安全生产的原则。战略性社会责任涉及企业旨在为其股东赢得长期经济回报的慈善活动。利他性社会责任指与企业战略目标无直接联系的慈善活动，如资助辍学儿童、降低社会文盲率等。

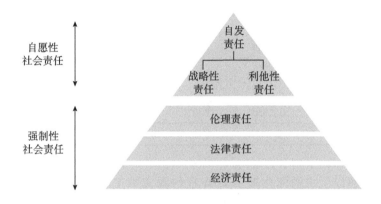

图 5-2　自愿性社会责任与强制性社会责任

　　然而，依据上述模型对主题词逐个归类的做法看似合理，实则缺乏一定的客观性，因为在理论上只有对每一个主题词的具体语境进行考察，方可判定该主题词反映的是企业社会责任的哪一层面。因此，这里对主题词的分类仅提供了一种概括性描述。根据分析，在 COSCR 的前 30 个主题词中，企业社会责任类型的相关主题词大多表述伦理责任，如"员工""安全""绿色""可持续发展"等。其次是经济责任相关主题词，如"项目""创新""合作"。还有少数主题词与自愿性社会责任中的战略性或利他性社会责任相关，如"扶贫"。此外，其他主题词中也体现出几个明显的"聚类趋势"。相当一部分主题词来源于对报告主体或行业领域的频繁提及，如"公司""集团""能源""企业"等，其中部分主题词为单音节词，是由于分词工具对企业名称缩写的切分所致，如"华为"的"华"、"电投"的"电"等。还有一些"万能"动词，带有相对抽象的"进行某项工作"的含义，如"开展"和"推进"。其余少量未呈现出明显聚类趋势的主题词，则不归入任何企业社会责任类型，如"2017""责任""报告""提升"等。

5.2.8　功能

作为内容导向型和意向导向型文本，CSR 报告的主要功能体现为信息功能和宣传功能。以下分别关注插图配文及新闻、案例标题以及评价性形容词及副词的分布特点。

5.2.8.1　信息功能

研究发现，COSCR 中插图配文及新闻、案例标题的体现样式一般有三种，即句子、动词短语和名词或名词短语，频次和比例见表 5-9。

表 5-9　COSCR 中插图配文及新闻、案例标题分布

体现样式	频次	百分比（%）
句子	369	45.1
动词短语	148	18.1
名词或名词短语	301	36.8
总计	818	100

COSCR 中共含插图配文及新闻、案例标题 818 条，其中句子 369 条，占 45.1%；名词或名词短语其次，占 36.8%；动词短语 148 条，仅占 18.1%。下面举例说明各配文及标题的体现样式。

例 5.21

石岛湾公司开展核电科普公众开放日活动（中国华能集团）**（句子）**

例 5.22

澳大利亚杜加尔河锌矿建成投产（中国五矿集团）**（句子）**

例 5.23

派医疗专机转运病重员工（华为）**（动词短语）**

例 5.24

邀请大学生走进中国石油（中国石油天然气集团）**（动词短语）**

例 5.25

"鞍钢杯"第八届全国钢铁行业职业技能竞赛青年志愿者合影（鞍山钢铁集团）（名词或名词短语）

例 5.26

"青春建功　美丽鞍钢"大型义务奉献主题活动（鞍山钢铁集团）（**名词或名词短语**）

句子形式的配文及标题进一步按照时态和语态进行了分类。需要指出的是，由于汉语的时态不是通过句法手段体现在动词变化上，而是通过添加副词的词汇手段实现的，无法对简短的配文及标题进行详细的时态分类。因此，对 COSCR 中句子形式的配文及标题仅作语态分类，结果见表 5-10。

表 5-10　COSCR 中句子形式插图配文及新闻、案例标题的语态分布

语态	频次	百分比（%）
主动	326	88.3
被动	43	11.7
总计	369	100

显然，COSCR 中句子形式的插图配文及新闻、案例标题绝大多数是主动语态，比例为 88.3%。

5.2.8.2　宣传功能

COSCR 中评价性形容词及副词的提取和统计是一项复杂的工作，需要作三点说明。首先，与词性相对固定的英语单词不同，中文词语的词性有较强的语境依赖性，因此不能仅从词形判断中文词语的词性。此外，考虑到分词工具精度的影响，不仅需要考察自动赋码为"形容词"和"副词"的词语，还需人工核查其他词性赋码，以免计算机对词性的误判导致统计不准确。例如，COSCR 中的"大力"全部自动赋码为"名词"，而"积极"则被赋码为"形容词"，即使二者均为副词。

其次，词形相同的词语可能词性不同，需对每个索引行的具体语境进行考察。例如，COSCR 中所有的"专业"都被自动赋码为"名词"，但其在"致力于提供专业、集约、主动的服务"中显然是形容词。同样，在"为构建绿色、包容、负责任的钻供应链做出积极努力"中，"努力"是名词，而在"努力降低对生态环境的影响"中，"努力"却是副词。然而，COSCR 中所有的"努力"都被自动赋码为"动词"。

最后，即使是被准确自动赋码的形容词和副词，仍需排除对企业社会责任表现不具评价意义的词语。例如，在"发展清洁能源，构建低碳能源体系"中，"清洁"不具有评价意义，因此不记作评价性形容词。综上所述，COSCR 中评价性形容词及副词的相关数据见表 5-11。

表 5-11 COSCR 中的评价性形容词及副词分布

词性赋码	绝对频次	每万词频次
a	7441	288.4
d	2006	77.8
总计	9447	366.2

注：a 代表形容词；d 代表副词。

COSCR 共含评价性形容词及副词 9447 个，平均每万词 366.2 个。评价性形容词的绝对频次为 7441 个，每万词频次 288.4 个；评价性副词的绝对频次为 2006 个，每万词频次 77.8 个。进一步研究发现，大部分态度资源带有鉴赏或判断意义。此外，还有大量级差资源，对企业在社会责任方面的行动、进展和成就表达了积极的评价意义。

例 5.27

在报告期内，该行推出小额农户贷、创新青雁贷、惠农贷、渔丰贷等"三农"信贷产品，降低涉农企业融资成本，体现强农惠农导向，用优质、高效、便捷的金融服务促进经济升级和民生改善。（交通银行）**（鉴赏资源）**

例 5.28

中国石油天然气集团有限公司是国有<u>重要骨干企业</u>和中国<u>主要的</u>油气生产商和供应商之一。(中国石油天然气集团)(**判断资源**)

例 5.29

面对日益增长的能源需求和减少碳排放的双重挑战,我们在稳定原油生产、积极提高精炼能力、<u>着力</u>提升油品质量的同时,<u>大力</u>发展绿色低碳能源。(中国石油天然气集团)(**级差资源**)

5.3 CSR报告源文本中的文化互文性分布

观察发现,COSCR 中的文化负载资源大致可以归为三类,即政治文化资源、语言文化资源和社会历史文化资源,其分布见表5-12。

表 5-12 COSCR 中的文化负载资源分布

类型	政治文化资源	语言文化资源	社会历史文化资源	总计
频次	15	46	374	435

COSCR 中共有 435 项文化负载资源,首先是社会历史文化资源占比最大,为374项,涉及我国社会历史生活的各个方面,典型的如"扶贫县""大区""自治州""小队"等各国的行政区划概念。其次是汉语固有特性导致的语言文化资源,为46项,多为利用汉语语音采用的双关修辞现象,如"衣旧心暖·书送希望""中油伴 YOU·石油探源丝路行""'家'年华活动"和"'交享阅'品牌项目"等。此外,COSCR 中还有少量反映政治文化的语言资源,如"团委""共青团""两会"等。

5.4　小结

　　本章以描述性方式完成了 COSCR 中自互文、语篇互文和文化互文维度上互文符号的识别，获取了 COSCR 在 CSR 报告互文翻译质量评估模型中 13 个评估参数上的数据，必要时结合语例进行说明。

　　具体而言，在自互文维度上，从语法衔接、词汇衔接和结构衔接三个维度考察 COSCR，参数分别为衔接性连词及副词、标准类符形符比和平行结构。在语篇互文维度上，显性外互文性上，描述了引用和惯用语使用；半显性外互文性上，描述了典故和戏拟使用。隐性外互文性上，在结构、体裁、主题、信息功能和宣传功能等子维度分别考察了部分及子部分，语轮和语步，主题词表，插图配文及新闻、案例标题以及评价性形容词及副词使用。在文化互文维度上，提取了 COSCR 中的文化负载资源，将其大致区分为政治文化资源、语言文化资源和社会历史文化资源。

　　互文符号的识别是 CSR 报告互文翻译质量评估的第一步，为下一章的评价环节奠定了基础。

第 6 章　CSR 报告中互文性的翻译质量评估

本章与上一章结构相同，不同之处在于，在对中国企业 CSR 报告在互文网络的三个维度上进行翻译质量评估后，作出质量陈述，即生成 13 个参数的再语境化得分，并在此基础上进行总体的定性评估。总体而言，互文翻译质量评估的评估阶段分为三个步骤。首先，对 COSCR、COTCR 和 COOCR 在自互文维度、语篇互文维度和文化互文维度上的各个参数开展两两定量比较，探究各语料库中互文符号的分布趋势。其次，参照第一步的统计数据，对互文翻译中的具体操作进行定性分析，辅以语料库中的实际语例，判别偏离或对等翻译，并进一步根据其对互文符号转移的影响，进行正负赋值。最后，将正互文偏离和正互文对等组成的正互文操作的比例换算成百分制分数，并概括 CSR 报告互文翻译的总体质量。

6.1　CSR 报告自互文性的翻译质量评估

以下几节将分别从衔接性连词及副词、标准类符形符比和平行结构三个方面考察语法衔接、词汇衔接和结构衔接的翻译质量。需要指出的是，由于正互文对等不涉及任何再语境化策略，对互文翻译质量探讨的意义不大，因此仅以 CSR 报告目的语文本中的正互文偏离、负互文对等和负互文偏离为例进行分析。

6.1.1　语法衔接

在 COTCR 和 COOCR 中，连接系统的三个子系统中的衔接性连词及副词的绝对频次和每万词频次分别见表 6-1 和表 6-2。

表 6-1　COTCR 中衔接性连词及副词分布

子系统	绝对频次	每万词频次
阐述	3889	153.0
扩展	813	32.0
增强	366	14.4
总计	5068	199.4

表 6-2　COOCR 中衔接性连词及副词分布

子系统	绝对频次	每万词频次
阐述	4015	130.5
扩展	1985	64.5
增强	485	15.8
总计	6485	210.8

为对 COSCR、COTCR 和 COOCR 两两进行科学对比，我们使用了兰卡斯特大学的 Paul Rayson 于 2008 年开发的在线"对数似然性和效应量计算器"（http：//ucrel. lancs. ac. uk/llwizard. html），以测试标准化频次差异的显著性。图 6-1 显示了 COOCR 中衔接性连词及副词相对 COSCR 的对数似然值。

Item	O1	%1	O2	%2		LL	%DIFF	Bayes		ELL	RRisk LogRatio OddsRatio
Word	6485	2.11	1413	0.55	+	2697.74	284.91	2684.50		0.00058	3.85 1.94 3.91

图 6-1 COOCR 中衔接性连词及副词相对 COSCR 的对数似然值

注：（1）对数似然值越高，两个频次得分之间的差异越显著。对数似然值为 3.8 或更高时，在 p<0.05 的水平上显著，为 6.6 或更高时，在 p<0.01 的水平上显著。

（2）对数似然值前的加号或减号分别表示语料库 1 相对于语料库 2 的使用频次更高或更低。

（3）p<0.05，临界值 = 3.84；p<0.01，临界值 = 6.63；p<0.001，临界值 = 10.83；p<0.0001，临界值 = 15.13。

可以看出，对数似然值为 2697.74，远大于 p<0.05 水平上的临界值 3.84，加号表示 COOCR 中衔接性连词及副词的使用频率远高于 COSCR。为进一步探索三个语料库在标准化频次上差异的显著性，计算出每一子系统中 COSCR、COTCR 和 COOCR 两两比较的对数似然值，见表 6-3。

表 6-3 COSCR、COTCR 和 COOCR 中衔接性连词及副词的对数似然值

对数似然值 子系统	COOCR 与 COSCR 比较	COTCR 与 COSCR 比较	COTCR 与 COOCR 比较
阐述	+4190.7	+4738.6	+49.93
扩展	+185.95	−15.18	−308
增强	+7.54	+1.88	−1.71
总计	+2697.74	+2242.86	−8.79

结果显示，在 p<0.05 的水平上，除了 COTCR 中增强手段相对 COSCR 使用频率较高、相对 COOCR 使用频率较低外，其余各项的差异均具有统计学意义。以扩展系统为例，该行数据表明，以扩展关系为特征的衔接手段在 COTCR 中的频次显著低于 COSCR，而 COSCR 中的频次远低于 COOCR。这一特征提示译者在翻译此类资源时，应尽可能在对等操作的基础上，适当增加目的语文本中扩展资源的使用。总的来看，COOCR 和 COTCR 中的衔接性连词及副词的频次远高于 COSCR，而 COTCR 中的

该类资源远低于 COOCR。因此，译者应有意识地使用更多显性衔接手段阐明命题间的逻辑关系，以使目的语文本更好地迎合目标读者的阅读习惯。

至此，计算器的结果揭示了各项数量上的总体趋势，为判断翻译操作是偏离还是对等并进一步赋值提供了参考。

我们认为，COSCR 中衔接性连词及副词的翻译不存在负互文对等，原因很明显。COOCR 中各子系统衔接资源的使用频次显著高于 COSCR，导致对等翻译均为正操作。而偏离操作表现为两种形式：目的语文本中衔接资源的删除，以及三个子系统之间的相互转换。前者无疑属于负互文偏离，而后者则可能造成正互文偏离。

例 6.1

ST：

绿色发展是当今世界潮流，<u>更是</u>新时代中国人民对美好生活的迫切需要，<u>也是</u>中国石油可持续发展的内在要求。

TT：

Recognized as the trend of the times, green development <u>is</u> an urgent demand of Chinese people in the new era, <u>and is</u> critical to the sustainable development of CNPC.

（中国石油天然气集团）

（负互文偏离）

例 6.2

ST：

未来全球 GDP 的增长仍有变数，<u>然而</u>随着世界经济的发展，势必需要更多的能源来保障世界经济的繁荣与发展。

TT：

<u>Although</u> there are still uncertainties in global GDP growth, the world certainly requires more energy to ensure global economic prosperity and development in the future.

（中国石油天然气集团）

（正互文偏离）

在例 6.1 中，作者使用了扩展系统中表示递进关系的两个副词"更是"和"也是",强调了绿色发展对新时代中国人民生活及中国石油天然气集团可持续发展的重要意义。但由于译者删除了衔接性副词,导致源文本中的强调意义消失,因而为负互文偏离。在例6.2的源文本中,"然而"作为扩展系统中的连词,表示对立关系,在目的语文本中被转化为增强系统的因果条件子系统中的"although",完整保留了源文本中的逻辑关系,即"未来全球GDP增长的不确定性不会影响世界能源需求",因此为正互文偏离。

6.1.2　词汇衔接

鉴于中英文的词性差异,与COSCR不同,在计算COTCR和COOCR实词的标准类符形符比时,介词、连词、感叹词和冠词未被计入,仅保留名词、动词、形容词、数词、副词和代词。COTCR和COOCR的相关数据分别见表6-4和表6-5。

表6-4　COTCR的标准类符形符比

COTCR				仅实词			
类符	形符	类符形符比	标准类符形符比	类符	形符	类符形符比	标准类符形符比
21947	254125	8.64	25.36	22268	190348	11.7	34.2

表6-5　COOCR的标准类符形符比

COOCR				仅实词			
类符	形符	类符形符比	标准类符形符比	类符	形符	类符形符比	标准类符形符比
25641	307614	8.34	25.42	25000	248456	10.06	30.53

COOCR实词的标准类符形符比为30.53,略高于COSCR的23.25。COTCR实词的标准类符形符比最高,为34.2。为了直观展示词汇衔接中的

正负操作，将上述结果转化为条形图，见图 6-2。

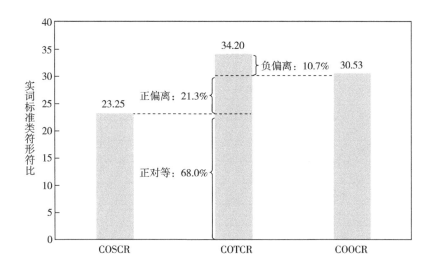

图 6-2 词汇衔接上的正负互文操作

　　类符形符比常被用作衡量词汇多样性的指标。图 6-2 显示，相较 COOCR，COTCR 包含更多不同的实词，凸显了语言使用的多样性。通过简单计算可得，以 COOCR 中实词的标准类符形符比为基准，COTCR 的正互文对等率为 68.0%。在其余 32% 的偏离操作中，21.3% 属于正互文偏离，10.7% 属于负互文偏离。其中，10.7% 的负互文偏离率是由词汇衔接维度上"范化"的翻译共性造成的，即目的语文本倾向于遵循甚至夸大目的语中的典型模式和做法。由于不涉及负互文对等，有理由推知，在词汇衔接维度上，CSR 报告互文翻译的正互文操作率为 89.3%，负互文操作率为 10.7%。

6.1.3 结构衔接

　　COTCR 和 COOCR 中平行结构的各句法结构类型及其子类型的使用频次和比例分别见表 6-6 和表 6-7。

表6-6　COTCR中的平行结构分布

句法结构		频次	百分比（%）
名词结构	名词+名词短语	34	10.7
	形容词+名词短语	62	19.5
	名词	8	2.5
	名词+修饰词短语	16	5.0
	动名词短语	89	28.0
	小计	209	65.7
句子/主谓结构	句子	7	2.2
动词结构	动宾短语	22	6.9
介宾短语		2	0.6
形容词		2	0.6
混合结构		68	21.4
未翻译		8	2.5
总计		318	100

表6-7　COOCR中的平行结构分布

句法结构		频次	百分比（%）
名词结构	名词+名词短语	14	10.6
	形容词+名词短语	13	9.8
	并列名词	10	7.6
	名词	38	28.8
	名词+修饰词短语	5	3.8
	动名词短语	28	21.2
	小计	108	81.8
句子/主谓结构	句子	4	3.0
动词结构	动宾短语	8	6.1
	动词	6	4.5
	小计	14	10.6
介宾短语		3	2.3
形容词		3	2.3
总计		132	100

与 COSCR 相比，COTCR 和 COOCR 增加了名词+修饰词短语和动名词短语两类名词结构。由于名词+动词短语和名词+形容词短语为汉语特有的主谓结构，句子是英语文本中主谓结构的唯一类型。此外，COTCR 和 COOCR中还有少量以单个形容词形式出现的平行结构。为便于比较，将各语料库的结果转化为条形图，见图 6-3。

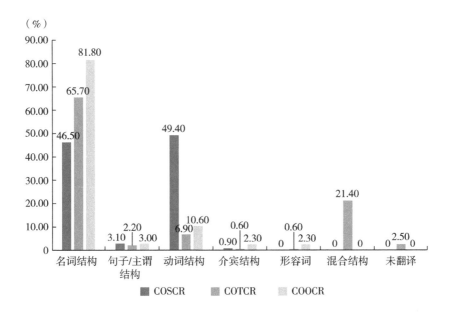

图 6-3　COSCR、COTCR 和 COOCR 中平行结构的句法结构比较

图 6-3 显示了 COSCR、COTCR 和 COOCR 中平行结构的各句法结构类型的相对比例。COSCR 中的动词结构和名词比例相当，但前者略高于后者。与这一情况相比，COOCR 中名词结构的比例高达 81.80%。COTCR 中除 21.40% 的混合结构和 2.50% 的未翻译内容外，其余句法结构类型在三个语料库中的分布趋势基本一致，不难推知 COTCR 和 COOCR在名词结构和动词结构上的微小差异是由混合结构的存在造成的。为检验COOCR 与 COSCR 间平行结构使用频次差异的显著性，再次使用对数似然性和效应量计算器，得出 COOCR 相对 COSCR 的对数似然值为 −115.44，

即在 p<0.05 的水平上，COOCR 中平行结构的频次显著低于 COSCR，说明通过使用混合结构的方式来减少目的语文本中的平行结构是可以接受的。

进一步观察发现，COOCR 中名词结构的体现样式以纯名词和动名词短语为主，而名词+名词短语、名词+形容词短语和并列名词的比例相对较低，但较为接近，这为平行结构翻译中的互文操作赋值提供了参考。以下结合具体语境对部分正互文偏离、负互文对等和负互文偏离进行分析。

例 6.3

ST：	TT：
制定发展战略	Setting development strategy
审议重大事项	Reviewing and approving major issues
注重团队建设	Strengthening team building
强化风险防控	Strengthening risk prevention and control
	（中国石油天然气集团）

（正互文偏离）

例 6.3 源文本中的平行结构是一个动宾短语。由于汉语喜欢省略主语，这种句法结构的平行结构在 COSCR 中频率极高。译者将每行开头的动词处理成相应的动名词，不仅没有破坏平行结构的对称性，而且顺应了 COOCR 中名词结构主要由纯名词和动名词短语构成的倾向，因此为正互文偏离。

例 6.4

ST：	TT：
产业带动	Promoting Industrial Development
航道拓展	Waterway Expansion
环境保护	Environmental Protection
	（中国石油天然气集团）

（正互文偏离）

例 6.4 源文本包含三个名词+名词短语，在目的语文本中被处理为三种不同体现样式组成的混合结构。虽然这一操作打破了源文本的语法连贯性，但 COOCR 中平行结构的使用频次本身就显著低于 COSCR。此外，目的语文本中的三行分别为动名词短语、名词+名词短语和形容词+名词短语，均符合目的语的表达规范，该例操作因此为正互文偏离。

例 6.5

ST：

保障能源安全

稳定市场供应

履行社会责任

TT：

Guarantee energy security

Stabilize market supply

Fulfill social responsibility

（中国石油天然气集团）

（负互文对等）

例 6.5 源文本由三个动宾短语组成。译者选择直译，在目的语文本中照搬三个动宾短语结构。但从以上统计结果来看，COSCR 中动宾短语的比例高达 49.1%，而动词结构在 COOCR 中仅占 10.6%，其中动宾短语仅占6.1%。再者，英语中的动宾短语本质上作为祈使句，无法传达源文本中的陈述语气。因此，本例为负互文对等。

例 6.6

ST：

员工权益保障

员工职业发展

员工价值实现

员工安全健康

TT：

Guarantee employees' rights and interests

Employee career development

Employee value realization

Employee health and safety

（中国石油天然气集团）

（负互文偏离）

例6.6中，源文本由四个名词+名词短语组成，但在目的语文本中被译为混合结构，第一个处理成动宾短语，其他三个仍为名词+名词结构。首先，由于动宾短语在COOCR中占比相对较低，而祈使句与名词+名词短语的混合结构破坏了语气的平衡，并非翻译平行结构的最佳选择。其次，虽然通过使用混合结构的方式来减少平行结构是可以接受的，但就本例而言，第一个名词+名词短语本可协调为其他三个同样的结构，而不会违反目的语的表达规范。也就是说，如果将其译为"Employee rights and interests"，便可与第四行形成一致结构，从而达到目的语文本和源文本"双赢"的效果。因此，本例为负互文偏离。

6.2 CSR报告语篇互文性的翻译质量评估

鉴于CSR报告中引用、惯用语、典故、戏拟和文化负载资源的出现密度、位置和子类具有随机性，将其在COSCR和COTCR中的标准化频次与COOCR进行比较似乎意义不大。因此，下文针对显性和半显性外互文性的参数以及文化负载资源，仅对目的语文本中的翻译操作开展定性分析。

6.2.1 引用

为计算再语境化得分，我们以小句为单位统计直接引用和间接引用频次。这是因为有些直接引用和间接引用很长，包含不止一个句子。由于在单个引用中，可能存在赋值不同的翻译操作，因此无法以"处"为单位计算直接引用和间接引用的翻译操作数量。此外，COSCR中直接引用和间接引用的频次不高，统计并不困难。对于文学引用和嵌引，则统计其在语料库中实际出现的次数。以下我们将结合各引用类型的实例，说明如何对

COSCR 中引用的翻译操作进行赋值。

例 6.7

ST:

业主樊先生即兴作了一首打油诗:"十年寒冬家居冷,今冬供热暖融融。感谢公司送温暖,暖了房子捂热了心。"

TT:

One of the owners, Mr. Fan composed an impromptu doggerel, "Ten years of cold winter and cold house which are dispelled from the warmth of heat supply this year. Thanks the company for sending warmth, warming the house and heart."

（国家电力投资集团）

（直接引用的负互文对等）

例 6.7 源文本中的直接引语出自一首打油诗,即随口所作的兼具诗歌和口语特征的表达。为追求风格和音韵上的对仗效果,4 个小句采用的句法结构不尽相同,因此需要重组、合并,方能将其发挥的表达业主感谢之情的功能完整地传达出来。显然,译者采用了逐字翻译,不仅出现了语法错误,即目的语文本中的第一个"句子"实际上是一个独立的名词成分,而"thanks"作为名词,其后不能接续另一个名词,而且,定语从句的使用淡化了口语风格特征。更重要的是,"winter and cold house which are dispelled from the warmth"属于明显的逻辑错误。综上所述,以小句为单位,该直接引语的翻译操作记作 4 处负互文对等。

例 6.8

ST:

缅甸前副总统吴年吞曾说,中缅油气管道项目不仅是参与投资的四国互惠共赢的项目,而且使缅甸的经

TT:

Former Vice President of Myanmar U Nyan Tun spoke highly of the project, which not only brings mutual benefit and win-win development to the four countries that invested in the project, but also is of great significance to the

·99·

| 济、工业化和电气化水平得到提高，对缅甸的长远发展具有重要意义。 | long-term development of Myanmar, helping to improve the economy, industrialization and electrification of the country.
（中国石油天然气集团） |

（直接引用的正互文偏离）

例 6.8 的源文本是对某国家元首的间接引语。因此，与例 6.7 不同，具有书面语言的特征。译者没有将间接引语标记"曾说"直接译成"said"，而是将言语行为背后的言外之意做了明晰化处理。换句话说，进一步点明说话人是在进行"赞扬"，使说话者与报告主体对中缅油气管道项目的积极评价溢于言表。另外，考虑到英语的行文习惯，即将总括性表达（"is of great significance to the long-term development of Myanmar"）置于前面，支持性细节（"helping to improve the economy, industrialization and electrification of the country"）置于后面。仍以小句为单位，将该间接引语记作两处正互文偏离。

例 6.9

| ST：
千淘万漉虽辛苦，吹尽狂沙始到金。 | TT：
To achieve anything of value requires enormous effort and focus.
（华为） |

（文学引用的正互文偏离）

例 6.9 引自唐代诗人刘禹锡的诗歌，字面意思是淘金要千遍万遍地过滤，虽然辛苦，但只有淘尽了泥沙，才会露出闪亮的黄金。在目的语文本中，译者摒弃了"金"和"沙"等具体意象，直接将诗句背后的引申意义表达出来，强调不管做任何事不懈努力的重要性。译者将目的语文本从源文本的互文网络中脱离出来，编码为一种易于被目标读者接受的互文关系，从而有效传达了作者意图，因此被记作正互文偏离。

例 6.10

ST：

海油发展持续开展全员健康促进工作，实施重点人群健康管理、1＋N 运动模式推广、星运动软件普及、24 小时心理热线建立、润物细无声的健康宣教、健康之家和基层班组健康角建设，员工整体健康状况明显提升。

TT：CNOOC EnerTech continued to carry out allemployee health promotion, implemented health management for focus groups, popularized the "1＋N" mode of exercise and "Star Exercise" software, established 24－hour psychological hotline, carried out quietly pervasive health education and construction of health corner of grassroots team. As a consequence, the overall health situation of the staff was improved significantly.

（中国海洋石油集团）

（文学引用的负互文对等）

该句引自唐代诗人杜甫的诗歌，原本描述的是春雨悄然无声地滋润着大地万物的景色。在例 6.10 的语境中，以隐喻的用法表明中国海洋石油集团有限公司的健康促进活动开展范围广、频率高，在不知不觉中使其员工受益，对其社会责任行为具有积极评价的意味。但译者生硬地将"无声"译为"quietly"这一描述具体行为的副词，而"pervasive"通常指"发生或感到不好的事情"，显然背离了作者对中国海洋石油集团社会责任履行正面评价的本意。该操作未能实现源文本中互文关系的有效转移，为负互文对等。

例 6.11

ST：

2018 年是华为成立的第 30 个年头，三十而立。

TT：

The year 2018 marks the 30th anniversary of Huawei's establishment. As the Chinese philosopher Confucius said, at thirty, we stand.

（华为）

（文学引用的负互文偏离）

该句出自《论语》，意思是当人到了 30 岁时就可以自立于世，有所建树。这里的"立"是指"独立自主"，而非站立的身体姿势。由于理解上的偏误，译者直接将其译为"at thirty, we stand"，不仅没有达意效果，且会使不熟知中国文化的目标读者对"the 30th anniversary of Huawei"与"stand"间的关系感到困惑，从根本上破坏了源文本中的互文关系，为负互文偏离。

例 6.12

ST：	TT：As a member of Global Compact and a main driver of "Energy Revolution", CNOOC adheres to the principle of "Innovation, Coordination, Greenness, Openness and Sharing" and have faith in "<u>Lucid Waters and Lush Mountains are Invaluable Assets</u>".
中国海油作为全球契约成员和"能源革命"的主要推动者，秉承"创新、协调、绿色、开放、共享"的原则，践行"<u>绿水青山就是金山银山</u>"的理念。	（中国海洋石油集团）

（嵌引的正互文偏离）

"绿水青山就是金山银山"是最早由时任浙江省委书记的习近平同志于 2005 年提出的科学论断，后又在党的十九大报告中再次被提及。金银常用来指代贵重物品，而在中国传统民间文化中，"金山银山"常用来比喻丰富的物质财富。译者注意到这是用借代的修辞手法强调发展经济和保护生态之间的辩证关系，于是将"金山银山"的内涵扩展为"invaluable assets"，为正互文偏离。

例 6.13

ST：	TT：
我们坚持"<u>要金山银山，更要绿水青山</u>"的新发展理念，在保护生态的基础上，有序推进境内水电站的	We have adhered to the new development concept of "<u>Not only gold and silver mountains, but also clean water and green mountains</u>", and on the basis of protecting the ecological environment, we have orderly promoted the development and

开发建设，并积极走出国门，收购海外优质水电项目。

construction of hydropower stations in China and actively gone abroad to acquire high-quality hydropower projects overseas.

（国家电力投资集团）

（嵌引的负互文对等）

同样一句嵌引，在例 6.13 中译者将其处理为两个并列的名词短语，仅保留了 "gold and silver mountains" 这一具体意象，会让缺乏相关互文背景的目标读者不知所云。事实上，很多外媒也翻译过这句话，如 "Green mountains and clear water are equal to mountains of gold and silver"（《南华早报》），"Clear waters and green mountains are as good as mountains of gold and silver"（《纽约时报》和《卫报》），以及 "Clear waters and green mountains are as valuable as mountains of gold and silver"（澳大利亚广播公司）。不难看出，外媒也都采用了保留原文意象的译法。一方面，外媒的目的多为理念介绍，因此有必要尽量还原习近平总书记提出的具体内容；另一方面，其至少用 "equal to" "as good as" 和 "as valuable as" 等将两者关系明晰化。相比之下，该例未采用任何再语境化策略，被记作负对等。

例 6.14

ST：

国家电投秉持安全第一原则，进一步强化"红线"意识、"底线"思维，健全安全发展理念、落实安全责任、普及安全知识、提升安全素质，2017 年实现"六不发生、两下降"的年度安全目标。

TT：

SPIC has always upheld the safety first principle, further strengthened the "red line" awareness and the "bottom line" thinking pat tern, completed the concept of safety development, implemented safety responsibilities, popularized safety knowledge, and improved safety quality. In 2017, it achieved the annual safety goals of "six non-occurrences and two declines".

（国家电力投资集团）

（嵌引的负互文对等）

目的语文本中有诸多类似例6.14的现象。为简化表达，节省篇幅，便于记忆，源文本常用"基数词+缩写"的缩引结构来指代企业规章制度、战略目标等。这些引用或为具有相同社会、政治、经济背景的中国读者熟知，或因在企业其他相关信息披露中被反复提及而无须使用全称。然而翻译语境使情况更加复杂，因为目标读者不具备这种互文知识。就该例而言，他们根本不清楚"六不发生"和"两下降"指的是什么。因此，逐字翻译会给目标读者理解源文本信息造成困惑，被记作负互文对等。

例6.15

ST：

2016年，公司一方面推进人才队伍建设，做好"两高"人才选拔工作，继续落实国际化后备人才岗位锻炼，抓好三支人才队伍建设。

TT：

The Company promoted human resource development in 2016, focusing on selection of professionals who met certain conditions, placement of potential key employees with global awareness at relevant posts to improve their capabilities and development of three professional teams.

（中国华能集团）

（嵌引的负互文偏离）

例6.15中，虽然译者未将"两高"直译为"two highs"，但试图通过添加成分"who met certain conditions"对其进行释义。然而这不仅没有触及实质内容，且带有明显的中式英语痕迹，属于无效信息传达，为负互文偏离。

6.2.2 惯用语

本节举例说明如何对COSCR中惯用语的翻译操作进行赋值。

例6.16

ST：

一方有难八方支援。

TT：

China Minmetals has a long history of helping people in need.

（中国五矿集团）

（正互文偏离）

"八方"字面意思为"八个方向",最早源于道教的八卦,后延伸为社会各阶层人群。这句俗语主要用来形容中华民族在困难面前互帮互助的优良传统。考虑到将复杂的占卜文化传达给目标读者,一是比较困难,二是没有必要,译者巧妙地将这种静态表达转化为报告实体的社会实践,即中国五矿集团有限公司长期以来一直在履行公益责任,成功地实现了互文符号的再语境化对接,记为正互文偏离。

例 6.17

ST:

万科共济会由职工委员会发起并组织管理,以"居安思危,同舟共济;人人为我,我为人人,以团队的力量,增强万科员工抵御生活中灾难性事件的能力"为宗旨。

TT:

Vanke's Fraternal Society was initiated and managed by the Employees' Committee of Vanke. Its aim is to "keep an eye out for each other; all for one, one for all; and enhance Vanke employees' capability in addressing emergencies through team work".

(万科)

(负互文对等)

如果"人人为我,我为人人"为脱离语境的口号,为了追求结构对称和押韵效果,尚可译成"all for one, one for all"。但在源文本语境中,这一惯用语是企业宗旨陈述的一部分,生硬直译显然没有将背后的企业文化理念具化出来,是不可取的。而且,"Its aim is to '…all for one, one for all'…"在语法上也出现了明显错误,因此记作负互文对等。

例 6.18

ST:

行者方致远,奋斗路正长。

TT:

Keep on going, and one can walk far. Keep on struggling, and one has a long way to go.

(国家电力投资集团)

(负互文偏离)

例 6.18 对前半句的翻译尚可接受。但后半句意在提醒企业肩负的沉重社会责任，激励企业继续奋斗。为了追求与前半句的形式对称，译者采用了功能上等同于条件句的结构"Keep on struggling, and one has a long way to go"，但造成了"企业越努力，社会责任履行越不尽如人意"的逻辑扭曲，因此记作负互文偏离。

6.2.3 典故

本节举例说明如何对 COSCR 中典故的翻译操作进行赋值。

例 6.19

ST：

华能人却有着不服输的精神，勇于向技术高峰发起冲锋，作为"第一个吃螃蟹的人"，天津 IGCC 边生产、边完善，摸着石头过河，在不断摸索、试错的过程中，掌握规律，吃透技术。

TT：

Huaneng has an unyielding spirit and bravely charges toward the technical peak. Just as the first man to try tomato, Tianjin IGCC makes improvement while producing, and by feeling the way while wading across the stream, and via trial and error, it keeps on exploring and grasping the law and technologies.

（中国华能集团）

（正互文偏离）

相传在一个古老的村落里，螃蟹泛滥成灾，其丑陋狰狞的外表让人望而生畏。有一勇士想出办法，用热水烫死了螃蟹，在众人不知如何处置死螃蟹时第一个站出来试吃螃蟹，由此发现了这一美味佳肴。因此，由这一典故衍生出来的"第一个吃螃蟹的人"被用来称赞第一个勇于尝试困难之事的人。该表达在目的语文本的互文网络内虽然缺失，但有着类似典故"the first man to try tomato"。通过互文符号置换，译者最大限度地保留了源文本中典故的形式和意义，固记作正互文偏离。

例 6.20

ST：

"黑猫一号"，是首个由万科物业自主研发的智能机器门。

TT：

"Black Cat One" is the first smart door independently developed by Vanke Property.

（万科）

（负互文对等）

例 6.20 涉及"白猫黑猫论"的典故。邓小平在 20 世纪 60 年代提出"不管黑猫白猫，能捉老鼠的就是好猫"，其深层含义是，无论计划经济还是市场经济，只要能够发展生产力的，都可以在实践中使用。万科研发部门将这一典故与产品识别业主和租户身份，保障其生命财产安全的功能结合起来，将智能机器人命名为"黑猫一号"。然而，在多数西方文化中，黑猫通常与恶灵有关，被看作女巫的使魔或化身，尤其是马路上看到的黑猫，被认为是不幸甚至死亡的征兆。因此，将"黑猫"直译为"black cat"，不仅没有体现产品的智能功能，反而让目标读者产生不安、不可信赖的负面联想，违背了研发部门的初衷，是为负互文对等。

6.2.4　戏拟

本节举例说明如何对 COSCR 中戏拟的翻译操作进行赋值。

例 6.21

ST：

2017 年，中国石油启动了多个输气管道工程和阿瓦提支线工程，实现了大北气田、英买力气田及和田河气田等 5 大气田同已建管网相互连通，使"西气西用"与

TT：

In 2017, CNPC launched several gas pipeline projects and the Awat branch pipeline project, interconnecting the five large gas fields including Dabei Gas Field, Yingmaili Gas Field and Hetianhe Gas Field with constructed pipeline network. This has effectively coordinated gas supply to the western

"西气东输"互为补充，加大南疆利民管线供气，缓解南疆地区冬季供气不足的压力。

and eastern regions in China, boosted gas supply to southern Xinjiang, and alleviated their gas supply shortage.

（中国石油天然气集团）

（正互文偏离）

"西气西用"是仿照"南水北调""西电东送""西气东输"等一系列国家战略名称创造的词汇。为减轻目标读者的认知负担，译者没有简单地将"西气西用"和"西气东输"译成平行的名词短语，而是通过元素拆分和合并，直白简洁地解释了输气管道相互连通的益处，因此为正互文偏离。

例 6.22

ST：

万科的"三好住宅"由"好房子、好服务、好社区"三部分组成，是万科对理想居住方式的全面表达，阐释了我们致力于好房子的设计与营造、好服务的提供与维护、好社区的倡导与坚持。

TT：

"Triple Excellence" consists of "excellent houses, excellent service and excellent community". It is Vanke's comprehensive expression for ideal residences, reflecting our commitment to design and build excellent houses, offer and maintain excellent services and advocate excellent communities.

（万科）

（负互文对等）

"三好住宅"是仿照"三好学生""十佳青年"等表达创造的词汇。其中的数词多是概数，指具有诸多优秀品质的人或事物。因此，翻译时要避免将数字直接精确译出的做法。"Triple Excellence"不仅为中式英语表达，语法上也存在缺陷，因此为负互文对等。

例 6.23

ST：

改造过程中，华能人坚持"谋事在先，贵在精细"以及"成事在干，贵在创新"两个理念，制定时间节点精确到小时和分钟的详细改造计划，确保项目推进速度。

TT：

In the renovation process, Huaneng's employees persisted in two concepts, "Make a good plan in a meticulous way", and "Execute the plan with action in an innovative way". We developed a detailed renovation plan with the timing planned at hours and minutes to ensure the project would be implemented speedily.

（中国华能集团）

（负互文偏离）

例 6.23 中戏拟表达的前文本是"谋事在人，成事在天"这一习语。源文本作者从结构入手，创造了两个不仅句法结构一致，而且"先"和"干"押韵的表达方式，显得极为对称、和谐。译者为追求这一互文效果的对等，选择"do sth. in a…way"的表达方式未尝不可。但遗憾的是，"with action"造成了结构冗余，内容上与"execute"内涵重复，导致了不地道的英语表达，因此属于负互文偏离。

6.2.5　结构

如果将整篇 CSR 报告看作一种特殊的商务体裁，宏观的部分及子部分即可看作语轮结构，作为其纲要结构的可识别要素，以实现整个交际目的。由于大多数 CSR 报告的编制均参照全球报告倡议组织《可持续发展报告指南》的要求，编制者在报告整体结构的组织方式上通常遵循一致的标准。然而，与体裁一样，在社会认可的交际目的的框架内，不同文化背景下编写的报告的某些子部分可能会就顺序和频次进行调整，以实现特定的交际意图。表 6-8 和表 6-9 分别总结了 CSR 报告目的语文本和目的语可比文本的部分及子部分。

表 6-8　CSR 报告目的语文本的部分及子部分分布

部分及子部分		名称	频次	百分比（%）	类型
部分一：前言	子部分 1	报告简介	10	100	必选
	子部分 2	目录	10	100	必选
	子部分 3	主席致辞	10	100	必选
	子部分 4	公司简介	10	100	必选
	子部分 5	奖项表彰	9	90	必选
	子部分 6	组织结构	6	60	可选
	子部分 7	产业布局	5	50	可选
	子部分 8	企业文化	7	70	可选
	子部分 9	重要性	5	50	可选
	子部分 10	公司治理	6	60	可选
	子部分 11	可持续性管理	8	80	必选
	子部分 12	利益相关者参与	10	100	必选
	子部分 13	可持续发展目标执行情况	2	20	可选
	子部分 14	党建	4	40	可选
部分二：主体	子部分 1	社会责任专题	8	80	必选
	子部分 2	经济责任	10	100	必选
	子部分 3	环境责任	10	100	必选
	子部分 4	员工责任	10	100	必选
	子部分 5	社区责任	10	100	必选
部分三：附录	子部分 1	各年业绩数据	8	80	必选
	子部分 2	未来展望	7	70	可选
	子部分 3	术语表	3	30	可选
	子部分 4	索引	10	100	必选
	子部分 5	全球契约履行	3	30	可选
	子部分 6	外部验证报告	6	60	可选
	子部分 7	反馈表	8	80	必选

表 6-9　CSR 报告目的语可比文本的部分及子部分分布

部分及子部分		名称	频次	百分比（%）	类型
部分一：前言	子部分 1	目录	10	100	必选
	子部分 2	主席致辞	10	100	必选
	子部分 3	企业文化	6	60	可选
	子部分 4	公司简介	7	70	可选
	子部分 5	奖项表彰	4	40	可选
	子部分 6	公司治理	7	70	可选
	子部分 7	可持续性管理	8	80	必选
	子部分 8	重要性	9	90	必选
	子部分 9	利益相关者参与	6	60	可选
	子部分 10	可持续发展目标执行情况	5	50	可选
部分二：主体	子部分 1	社会责任专题	6	60	可选
	子部分 2	经济责任	10	100	必选
	子部分 3	环境责任	10	100	必选
	子部分 4	员工责任	10	100	必选
	子部分 5	社区责任	10	100	必选
部分三：附录	子部分 1	报告简介	10	100	必选
	子部分 2	指标索引	6	60	可选
	子部分 3	外部验证报告	3	30	可选
	子部分 4	版权声明	2	20	可选
	子部分 5	各年业绩数据	8	80	必选

　　目的语文本只发生了两处偏离操作，即可持续性管理和党建子部分分别减少了 1 个，其他子部分的数量和顺序与源文本完全一致。总体来看，目的语可比文本的纲要结构比源文本更灵活。除主体部分的子部分与源文本一致外，前言和附录部分中子部分的频次均有所下降。在总计 20 个子部分中，10 个为必选子部分，10 个为可选子部分。具体而言，相对源文本，报告简介、目录、主席致辞、可持续性管理、经济责任、环境责任、员工责任、社区责任和各年业绩数据仍为必选子部分，但公司简介、奖项表彰、利益相关者参与、社会责任专题和指标索引等源文本中的必选子部分在目

的语可比文本中变为可选子部分，重要性则变为必选子部分。源文本中的组织结构、产业布局、党建、未来展望、术语表、全球契约履行和反馈表在目的语可比文本中不再出现，其中反馈表为源文本的必选子部分。此外，目的语可比文本中还增加了版权声明为可选子部分。

源文本和目的语可比文本中各子部分的分布趋势为对目的语文本中翻译操作的赋值提供了依据。对于两个文本共有的必选子部分，目的语文本中的对等转移均视为正互文对等，除了减少的一处外，可持续性管理应记为负互文偏离。对于在源文本中为必选而在目的语可比文本为可选的子部分，在目的语可比文本频次范围内的被视为正互文对等，而超出其最大频次的则为负互文对等。如奖项表彰在源文本中出现的频次高达 9 次，而在目的语可比文本中降至 4 次，变为可选子部分。因此，目的语文本中的 9 处对等操作中，4 次记作正互文对等，其余 5 次为负互文对等。最后，对于目的语可比文本中未出现的源文本中的子部分，对等操作均记作负互文对等，除了减少的 1 处党建子部分记作正互文偏离。

6.2.6 体裁

表 6-10 和表 6-11 分别展示了 COOCR 中报告简介和主席致辞的语轮结构。而 COTCR 中，两种体裁的语轮结构在频次和顺序上与 COSCR 完全相同，也就是说，在体裁互文性上，翻译过程中没有涉及偏离操作。

表 6-10　COOCR 中报告简介的语轮结构

语轮	名称	频次	百分比（%）	类型
语轮 1	报告序数	3	30	可选
语轮 2	报告目的	2	20	可选
语轮 3	指代说明	1	10	可选
语轮 4	时间范围	9	90	必选
语轮 5	报告周期	2	20	可选
语轮 6	编写原则	3	30	可选

续表

语轮	名称	频次	百分比（%）	类型
语轮 7	内容范畴	9	90	必选
语轮 8	信息来源	9	90	必选
语轮 9	涉及议题	4	40	可选
语轮 10	报告方法	7	70	可选
语轮 11	指南参照	10	100	必选
语轮 12	数据说明	3	30	可选
语轮 13	独立审验	5	50	可选
语轮 14	相关信息链接	9	90	必选
语轮 15	获取与联系方式	8	80	必选
语轮 16	使用方法	2	20	可选
语轮 17	报告编委会	1	10	可选

COOCR 中的报告简介包含 17 个语轮，其中 6 个为必选语轮，11 个为可选语轮。具体而言，与源文本的 19 个语轮相比，增加了使用方法为可选语轮，而开始年份、报告主体和语言版本在目的语可比文本中不再出现，其中语言版本为源文本的必选语轮。此外，信息来源、指南参照和获取与联系方式在目的语可比文本中仍为必选语轮，但指代说明和报告周期等在目的语可比文本中变为可选语轮，而内容范畴和相关信息链接则变为必选语轮。

根据以上语轮结构在三个文本中的特点，可作以下三个推论：①对于 COSCR 和 COOCR 共有的必选语轮，目的语文本中的对等转移均视为正互文对等。②对于在源文本中为必选而在目的语可比文本为可选的语轮，在目的语可比文本频次范围内的被视为正互文对等，而超出其最大频次的则为负互文对等。如以报告周期为例，在源文本中出现的频次高达 9 次，而在目的语可比文本中降至 2 次，变为可选语轮。因此，目的语文本中的 9 处对等操作中，2 次记作正互文对等，其余 7 次为负互文对等。③对于目的语可比文本中未出现的源文本中的语轮，对等操作均记作负互文对等。例如，语言版本在目的语可比文本中未出现，但由于译者完全照搬源文本的语轮结构，导致目的语文本严重偏离目的语的体裁惯例，因此这8处对等操作均为负互文对等。

表6-11　COOCR中主席致辞的语轮结构

语轮	名称	频次	百分比（%）	类型
语轮1	导语	6	60	可选
语轮2	称呼	1	10	可选
语轮3	建立资质	6	60	可选
语轮4	报告摘要	8	80	必选
语轮5	社会责任理念	10	100	必选
语轮6	履责优势	1	10	可选
语轮7	背景回顾	9	90	必选
语轮8	企业社会责任业绩	9	90	必选
语轮9	肯定成绩	4	40	可选
语轮10	展望未来	5	50	可选
语轮11	致谢	1	10	可选
语轮12	征求反馈	3	30	可选
语轮13	签名	10	100	必选
语轮14	时间	2	20	可选

　　巧合的是，COOCR中的主席致辞也包含14个语轮，其中5个为必选语轮，9个为可选语轮，与COSCR相同，但增加了导语和肯定成绩2个可选语轮。相对源文本，社会责任理念、企业社会责任业绩和签名仍为必选语轮，但源文本中的必选语轮展望未来在目的语可比文本中变为可选语轮，而报告摘要和背景回顾变为必选语轮。此外，表达问候和政治责任在目的语可比文本中不再出现，后者在源文本中为必选语轮。

　　针对具体语轮的评估原则和方法与报告简介相同，这里不再赘述，仅举两例说明。首先，由于展望未来在源文本中出现的频次高达10次，而在目的语可比文本中降至5次，成为可选语轮。因此，目的语文本中的10处对等操作中，5次记作正互文对等，其余5次记作负互文对等。其次，政治责任在目的语可比文本中未出现，但由于译者完全照搬源文本的语轮结构，使目的语文本中的 8 处对等操作均为负互文对等。

6.2.7　主题

为便于与 COSCR 比较，以 AmE06 为参照语料库，生成 COOCR 的主题词表，按关键性排序。COOCR 的前 30 个主题词及对应频次见表 6-12。

表 6-12　COOCR 的前 30 个主题词

排序	频次	关键性	主题词
1	5990	11188.488	OUR
2	3606	3418.747	WE
3	990	2846.639	2017
4	833	2418.556	CSR
5	950	2275.861	EMPLOYEES
6	950	2198.184	ENVIRONMENTAL
7	1080	2038.199	BUSINESS
8	13944	2007.452	AND
9	969	1967.298	ENERGY
10	975	1959.641	REPORT
11	669	1942.394	GRI
12	663	1898.82	SUSTAINABILITY
13	750	1840.283	SUPPLY
14	664	1771.113	EMISSIONS
15	606	1759.478	CITI
16	795	1712.082	MANAGEMENT
17	554	1608.499	CISCO
18	613	1505.307	CHAIN
19	731	1371.816	GLOBAL
20	594	1368.552	CORPORATE
21	460	1335.577	ORACLE
22	460	1335.577	WALGREENS

续表

排序	频次	关键性	主题词
23	633	1296.869	RIGHTS
24	648	1282.937	APPROACH
25	463	1275.232	SUPPLIERS
26	516	1271.355	SUSTAINABLE
27	450	1118.682	WASTE
28	854	1103.645	HUMAN
29	485	1094.301	ENVIRONMENT
30	439	1087.995	EMPLOYEE

与 COSCR 相似，COOCR 的前 30 个主题词中，社会责任类型相关主题词大多表述伦理责任，如 EMPLOYEES、ENVIRONMENTAL、SUSTAIN-ABILITY、EMISSIONS 等。其次是经济责任相关主题词，如 BUSINESS、SUPPLY 等。未发现战略性或利他性责任相关主题词。除此之外，还包含了一批表示报告主体或行业领域的主题词，如 OUR、WE、ENERGY、CITI、CISCO 等。其中，OUR 和 WE 的关键性在所有主题词中最高，但二者并未出现在 COSCR 的前 30 个主题词中。从词性来看，COOCR 的前 30 个主题词大多为名词和形容词，并未出现 COSCR 中表示实施类含义的万能抽象动词。最后，部分主题词须参考具体语境方可进行归类，在 COSCR 的前 30 个主题词中亦未能找到对应主题词，如 GRI、CHAIN 和 APPROACH 等。

在对具体主题词开展翻译评估时，我们发现主要存在以下三种情况。首先，在 COSCR 和 COOCR 的前 30 个主题词中，相当一部分存在语义对应关系，如"员工"-EMPLOYEES，"管理"-MANAGEMENT，"报告"-REPORT，"能源"-ENERGY 和"企业"-CORPORATE 等。这对评估的启示在于，可以在 ParaConc 中生成这类主题词双语对应的索引行。除了偏离操作需结合语境对其进行赋值外，其余的对等翻译均可记作正互文对等。以下对 COSCR 前 30 个主题词的翻译评估进行示例说明。

例 6.24

ST：

我们坚持"<u>员工</u>生命高于一切"，持续深化社会安全管理体系运行，全面加强社会安全风险防控，持续提升突发事件应急处置能力。

TT：

<u>Personnel</u> safety has always been an overriding priority in our operations.

（中国石油天然气集团）

（正互文偏离）

例 6.25

ST：

加大<u>员工</u>培训力度

TT：

Reinforce <u>staff</u> training

（中国石油天然气集团）

（正互文偏离）

例 6.26

ST：

按年龄<u>员工</u>构成

TT：

Age composition of the <u>workforce</u>

（中国石油天然气集团）

（正互文偏离）

以上所有例子对 COSCR 中主题词"员工"的翻译均未选用 COOCR 前 30 个主题词列表中的"employees"或"employee"，而是分别译为"personnel"、"staff"和"workforce"，从这个意义上讲属于三个偏离操作。在例 6.24 中，"personnel safety"相对"employee safety"或"workforce safety"为目的语中的常规表达。此外，"personnel"和"safety"扩展了"员工"和"生命"的内涵，前者不仅指"受雇为组织或个人开展工作的人员"，还涵盖了"管理层及企业中的所有其他人员"，而后者涉及包含生命安全在内的其他方面的安全保障。这种操作对源文本的概念意义和人际意义的传递有益而无害。同样，在例 6.25 和例 6.26 中，"employee training"或"workforce training"虽然不是原则性错误，但"员工培训"在目的语中的惯用表述为"staff training"，而在强调员工内部年龄、学历、性别等的不同构成时，则更多地使用"workforce"这一集合概念。因此，这三处操作均记作正互文偏离。

例 6.27

ST：

2017 年，我们修订《生产安全事故与环境事件责任人员行政处分规定》等<u>管理</u>规章制度……不断提升全员安全履职能力。

TT：

In 2017, we enacted and amended some <u>management</u> rules and regulations including the Regulations on Administrative Sanctions against Persons Liable for Production Safety Accidents and Environmental Incidents…in order to further enhance the ability of all the employees to fulfill their duties in a safe manner.

（中国石油天然气集团）

（负互文对等）

例 6.28

ST：

重点<u>管理</u>工程施工建设对水资源的影响以及运营中的泄漏事故风险。

TT：

We focused on <u>managing</u> the impact on water resources by construction projects and the risk of leakage accidents during pipeline operations.

（中国石油天然气集团）

（负互文对等）

以上两例是对主题词"管理"的对等翻译，分别译为相应的名词"management"和动词"manage"。在例 6.27 中，"管理"与"规章制度"存在语义重叠，因为规章制度本身就是针对各类事项的管理而制定的，因此翻译中应删除"management"，避免信息冗余造成的不地道表述。在例6.28 中，"管理"作为动词，其内涵往往要比"manage"宽泛，后者多指"组织、企业或系统管控"。源文本中的"管理影响和风险"被直译为"manage the impact and risk"，造成了不地道表达。基于上述原因，以上两例均为负互文对等。

对于出现在 COSCR 前 30 位而未出现在 COOCR 前 30 位的主题词，除偏离操作需结合具体语境对其进行赋值外，其余对等翻译中，未超出 COOCR 中比例上限的部分记作正互文对等，而其余超出比例上限的正操作则因过度使用对等翻译违反目的语体裁惯例记作负互文对等。下面以 COSCR 中主题词"安全"的翻译为例进一步进行说明。

例 6.29

ST：
项目方案统筹兼顾了能源高效利用和系统<u>安全</u>可靠性，并实现削峰填谷等，综合能源利用效率可达 80% 以上。

TT：
The project plan has taken into consideration the efficient use of energy and the <u>reliability</u> of the system, and realized peak-shaving and valley-filling way of energy utilization, with an overall energy utilization efficiency of more than 80%.

（国家电力投资集团）

（正互文偏离）

译者注意到源文本中"安全"与"可靠性"语义重叠，将"安全"这一要素删除，仅译为"reliability"，一方面避免了冗余表达，另一方面无碍源文本概念意义的传达，故记作正互文偏离。

例 6.30

ST：
国家电投全面优化完善供应商评价管理体系，供应商需要通过质量、环境、<u>安全</u>等体系认证。

TT：
SPIC has fully optimized and improved the management system, standards and methods for supplier evaluation, and continuously improved the overall quality of the suppliers.

（国家电力投资集团）

（负互文偏离）

例6.30中，译者仅通过"improved the overall quality of the suppliers"这一抽象表述无法准确传达源文本中"供应商需要通过质量、环境、安全等体系认证"的概念意义，属于漏译，故记作负互文偏离。

最后，OUR和WE作为报告主体的自称在COOCR中大量使用，这与COSCR的体裁惯例大不相同。因此，对于COSCR前30个主题词中表述报告主体的部分，译作OUR或WE的操作均可视作正互文偏离，而其余操作，无论对等或是偏离，均需结合具体语境赋值。下面以COSCR中主题词"鞍钢"的翻译为例进行分析。

例6.31

ST：

鞍钢集团推进改革创新、加快转型升级，牢记发展使命……坚决打胜扭亏脱困攻坚战。

TT：

We will deepen the reform, enhance innovation, accelerate transformation and upgrading with our development mission in mind…in order to win the battle to turn loss into gain.

（鞍山钢铁集团）

（正互文偏离）

根据前述统计，将报告主体"鞍钢"译作排他性人称代词"we"，符合目的语原创CSR报告的体裁惯例，同时，通过拉近目标读者与报告主体间的距离，有助于树立积极的企业形象，缔造良好的利益相关方关系，故记作正互文偏离。

例6.32

ST：

作为"共和国钢铁工业长子"，鞍钢人秉持"创新、求实、拼争、奉献"的企业精神，以攻坚克难

TT：

As the "Eldest Son of the Steel Industry of the Republic", Ansteel's staff members hold on to the spirit of "innovation, pragmatism, striving, devotion" and the pers-

的磅礴力量……立足岗位，为鞍钢打胜扭亏增效攻坚战贡献力量。

everance to solve difficulties … They base themselves on their positions and make contributions to stopping losses and making profits for Ansteel Group.

（鞍山钢铁集团）

（负互文对等）

与例 6.31 中"we"的自含性用法不同，例 6.32 的目的语文本发生了视域转移。报告主体虽仍为鞍钢集团，但源文本中的"鞍钢人"被译作"Ansteel's staff"，排除了报告主体，第二句中"they"、"themselves"和"their"等词的使用进一步佐证了这一点。由此，不仅缩小了"鞍钢人"的内涵，而且还拉大了目标读者与报告主体的距离，不利于和谐企业文化的传递与良好企业形象的构建，故记作负互文对等。

6.2.8　功能

以下从信息功能和宣传功能维度对 CSR 报告开展互文翻译质量评估，分别考察插图配文及新闻、案例标题和评价性形容词及副词的相关操作。

6.2.8.1　信息功能

COTCR 和 COOCR 中插图配文及新闻、案例标题各体现样式的使用频次和比例分别见表 6-13 和表 6-14。

表 6-13　COTCR 中插图配文及新闻、案例标题分布

体现样式	频次	百分比（%）
句子	369	45.1
动词短语	7	0.9
名词或名词短语	368	45.0
动名词短语	66	8.0
未翻译	8	1.0
总计	818	100

表 6-14　COOCR 中插图配文及新闻、案例标题分布

体现样式	频次	百分比（%）
句子	114	37.4
动词短语	2	0.7
名词或名词短语	156	51.1
动名词短语	33	10.8
总计	305	100

　　显然，与 COSCR 相比，COTCR 和 COOCR 增加了英语独有的动名词短语作为插图配文及新闻、案例标题的另一体现样式，成为仅次于句子和名词或名词短语的第三选择。此外，COTCR 中的配文和标题有 1% 的未翻译现象。相关数据见图 6-4。

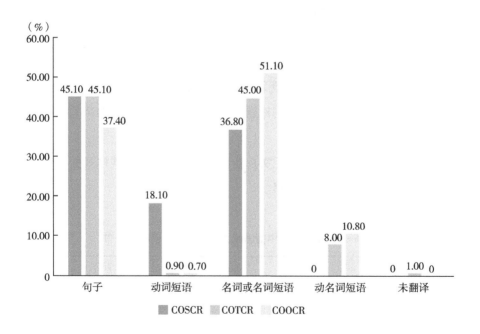

图 6-4　COSCR、COTCR 和 COOCR 中插图配文及新闻、
案例标题的体现样式对比

由图 6-4 可知，首先，句子和名词或名词短语在三个语料库中使用最多。COSCR 和 COOCR 中这两种体现样式的差距都不大，但占比高低相反。受 COSCR 的影响，COTCR 中句子样式的占比并未下降，致使其名词或名词短语的使用率与 COOCR 相比明显偏低。其次，COSCR 中的多数动词短语在 COTCR 中被瓦解，取而代之的是名词或名词短语和动名词短语的上升。为更清楚了解句子形式插图配文及新闻、案例标题的体现样式，我们就时态和语态对其进行了进一步分类，分别见表 6-15 和表 6-16。

表 6-15　COTCR 中句子形式插图配文及新闻、案例标题的时态及语态分布

时态/语态		频次	百分比（%）
时态	一般过去时	184	49.9
	一般现在时	103	27.9
	现在进行时	71	19.2
	现在完成时	7	1.9
	一般将来时	4	1.1
总计		369	100
语态	主动	300	81.3
	被动	69	18.7
总计		369	100

表 6-16　COOCR 中句子形式插图配文及新闻、案例标题的时态及语态分布

时态/语态		频次	百分比（%）
时态	一般过去时	11	9.7
	一般现在时	83	72.8
	现在进行时	14	12.3
	现在完成时	3	2.6
	一般将来时	3	2.6
总计		114	100
语态	主动	106	93.0
	被动	8	7.0
总计		114	100

为便于比较和描述，将三个语料库的相关数据转化为频率直方图，见图 6-5。

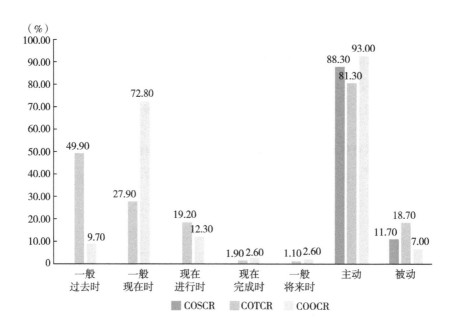

图 6-5 COSCR、COTCR 和 COOCR 中插图配文及新闻、
案例标题的时态和语态对比

时态上，COOCR 中句子形式的配文和标题多数采用一般现在时，这符合新闻报道标题常使用一般现在时营造新闻时效性和新颖性的体裁惯例。其次是现在进行时和一般过去时。COTCR 中使用频率最高的是一般过去时，远高于 COOCR，而其一般现在时的频率则远不及 COOCR，现在进行时的比例也略高于 COOCR。语态方面，三个语料库中绝大多数句子形式的配文和标题均为主动语态，但相比之下 COTCR 较多使用了被动语态。

上述分布特征对译者的启示是，应尽量遵循 COOCR 的趋势，对 COSCR 中插图配文及新闻、案例标题的体现样式、时态、语态进行调整。同样，就翻译评估而言，COTCR 中一般过去时的过度使用很可能是偏离或对等产生的负互文操作。以下举例说明。

例 6.33

ST：

<u>签约</u>国家雪车雪橇中心项目

TT：

Shanghai Baoye Group <u>signs</u> contract on National Sliding Center

（鞍山钢铁集团）

（正互文偏离）

标题是新闻报道的核心，是对正文内容的高度凝练。通过浏览标题，读者可以在有限的时间内最大限度地掌握最有价值的信息。由于汉语无主句的存在，导致 COSCR 中大量插图配文及新闻、案例标题采用了例 6.33 中的动宾结构。但从信息传递的角度来看，该类结构使读者无法掌握消息所涉主体。例 6.33 中，译者将主语信息补足，将动宾结构转换为完整句子，且选用了 COOCR 中最常用的一般现在时，故为正互文偏离。

例 6.34

ST：

本行获得"2017 最佳校园伯乐大奖"和"2017 非常雇主"奖项

TT：

"Best Graduates Talent Seeker 2017" and "Outstanding Employer of China 2017" awards

（交通银行）

（正互文偏离）

例 6.34 是对插图配文的翻译。奖杯图片作为多模态信息，最大限度地减轻了读者的认知负担，译者无须将其译成句子，直接列出奖项名称即可，既清晰明了，又准确传达了源文本中"获奖"的命题内容，属正互文偏离。

例 6.35

ST：

<u>参与</u>雄安新区建设

TT：

<u>Participate</u> in the construction of Xiong'an New District

（中国船舶重工集团）

（负互文对等）

例 6.36

ST：

<u>举办</u>党支部书记培训示
范班

TT：

<u>Organized</u> training demonstration workshops
for Party Secretaries

（中国五矿集团）

（负互文对等）

与例 6.33 不同，以上两例中，译者照搬源文本中无主语的动宾结构，
将动词直接置于目的语文本句首，违背了目的语中配文和标题的构成规范。
例 6.35 变陈述语气为祈使语气，而例 6.36 中，直接去掉了一般过去时时态
句子的主语，这本身就不合英语的语法规则。因此，两例均为负互文对等。

例 6.37

ST：

交通银行与中国燃气控股
有限公司联合组建百亿级
清洁能源产业基金

TT：

BoCom and China Gas <u>establish</u> RMB 10
billion clean energy industry fund

（交通银行）

（时态的正互文操作）

例 6.38

ST：

"南海高温高压钻完井关
键技术及工业化应用"获
国家科学技术进步奖一
等奖

TT：

The "Research on and Industrial Applica-
tion of Key Drilling and Completion Tech-
nologies for HTHP Wells in the South China
Sea" <u>won</u> the First Prize of the State Scien-
tific and Technological Progress Awards

（中国海洋石油集团）

（时态的负互文操作）

例 6.37 是目的语中句子形式配文和标题较为规范的撰写方式，主谓宾

结构齐全，且选用了一般现在时时态，暗示报道内容的新颖性。例 6.38 虽选择了同样的句子体现样式，时态却选用了一般过去式，降低了报道的时效性，不符合新闻语篇的撰写规范。因此，以上两例分别记作时态上的正互文操作和负互文操作。

6.2.8.2 宣传功能

COTCR 和 COOCR 中评价性形容词及副词的绝对频次和每万词频次分别如表 6-17 和表 6-18 所示。

表 6-17 COTCR 中的评价性形容词及副词分布

词性	词性赋码	绝对频次	每万词频次
形容词	JJ	6203	244.1
	JJR	167	6.6
	JJS	70	2.8
小计		6440	253.5
副词	RB	1177	46.3
	RBR	196	7.7
	RBS	152	6.0
小计		1525	60.0
总计		7965	313.5

注：JJ 表示形容词；JJR 表示形容词比较级；JJS 表示形容词最高级；RB 表示副词；RBR 表示副词比较级；RBS 表示副词最高级。

表 6-18 COOCR 中的评价性形容词及副词分布

词性	词性赋码	绝对频次	每万词频次
形容词	JJ	6407	208.3
	JJR	349	11.3
	JJS	137	4.5
小计		6893	224.1
副词	RB	1390	45.2
	RBR	169	5.5
	RBS	105	3.4
小计		1664	54.1
总计		8557	278.2

使用对数似然性和效应量计算器检测 COSCR、COTCR 和 COOCR 中评价性形容词及副词标准化频次差异的显著性。对三个语料库开展两两对比，相关数据见表6-19。

表6-19　COSCR、COTCR 和 COOCR 中评价性形容词及副词的对数似然值

词性 ＼ 对数似然值	COOCR 与 COSCR 对比	COTCR 与 COSCR 对比	COTCR 与 COOCR 对比
形容词	−228.16	−57.95	+50.3
副词	−120.46	−58.68	+8.56
总计	−339.76	−104.94	+58.62

结果显示，在 $p < 0.05$ 的水平上，各项差异均具有显著的统计学意义。从形容词行的数据来看，评价性形容词在 COOCR 和 COTCR 中的使用频次明显低于 COSCR，而在 COTCR 中的频次明显高于 COOCR。副词行的数据亦如此。总的来说，COOCR 和 COTCR 中评价性形容词及副词的使用频次远低于 COSCR，且 COOCR 相对 COTCR 频次更低。这提示译者在翻译过程中应有意识地减少评价性形容词及副词的使用，以顺应目标读者的阅读习惯。就评估方法而言，除偏离操作需结合具体语境对其进行赋值外，其余对等翻译中，未超出 COOCR 中比例上限的部分记作正互文对等，而其余超出比例上限的正操作则因过度使用对等翻译违反目的语体裁惯例记作负互文对等。以下结合示例说明。

例6.39

ST：

ERP 应用集成建设**全面完成**，云技术平台**深化**应用，数据共享及集成应用能力增强，数字化与智能化建设**稳步**实施，信息系统

TT：

Additionally, construction of the integrated application of ERP system was <u>completed</u>, application of the cloud technology platform <u>was deepened</u>, capability of data sharing and integrated application was enhanced, digital and intelligent construction was in <u>steady</u> progress,

应用成效日益显著。

and outstanding achievements were made in the information system application.

（中国石油天然气集团）

（正互文偏离）

在例 6.39 中，"全面"与"完成"语义重叠，译者选择删除了这一评价性副词；对"深化"和"稳步"两个要素进行了词性转换，分别译作动词"deepen"和形容词"steady"。上述操作在未违背目的语惯例的基础上，使语言表达富于变化性，故记作正互文偏离。

例 6.40

ST：

中国华能集团公司作为以发电为主业的国有重要骨干企业，业务涉及电力、煤炭、金融、科技及交通运输等产业。

TT：

As an important state-owned backbone enterprise mainly engaged in power generation, China Huaneng Group is also involved in industries including power, coal, finance, technology and transportation.

（中国华能集团）

（负互文对等）

"重要"和"骨干"是两个判断资源，表明对报告主体在中国地位的积极评价。但译者未能意识到两者语义上的重叠，将"重要"直译为"important"，造成目的语文本中的冗余表达，故为负互文对等。

例 6.41

ST：

公司逐步完善党建工作体制机制……深入推进党风廉政建设，保持干部职工队伍稳定。

TT：

We took steps in improving the working mechanism and systems of Party construction…hence further advancing the construction of the Party's work style and integrity, and maintaining the stability of cadres and employees.

（中国华能集团）

（负互文偏离）

在例 6.41 中，译者将源文本中的级差资源"逐步"译为动词短语"take steps"，但"take steps"在语义上接近"take measures"，无法再现源文本中"党建工作体制机制逐步完善"的正面评价意义，属于对目的语中语言要素语义的理解偏差，故为负互文偏离。

6.3　CSR 报告文化互文性的翻译质量评估

本节将举例说明如何对 COSCR 中的文化负载资源翻译操作进行赋值。

由于中美党政体系存在巨大差异，CSR 报告源文本中很多政治文化资源在目的语文化中都是空缺的。但幸运的是，这些互文符号的概念意义能否得到充分传达，对于 CSR 报告等商务体裁的翻译而言意义不大。"不求有功，但求无过"，译者在必要时可采取删减策略，但政治文化资源的照搬直译往往会给目标读者造成困惑，并不可取。

例 6.42

ST:

加强重要时段应急预警和值班值守，保持信息畅通，圆满完成"两会"G20 峰会等重要时段的保电任务。

TT:

We strengthened the emergency alarms and manning & duties during important periods, maintained smooth flow of information and successfully completed the power supply task during the NPC, the CPPCC, the G20 Summit, and other key periods.

（中国华能集团）

（政治文化资源的正互文偏离）

例 6.43

ST：

信托由<u>国家电投团委</u>作为委托人，百瑞信托作为受托人，信托资金用于贫困救助等公益慈善事业。

TT：

The Trust is entrusted by <u>SPIC</u> and Bairui Trust is the trustee. The Trust funds are used for charity projects，such as poverty relief.

（国家电力投资集团）

（政治文化资源的正互文偏离）

在例 6.42 的源文本中，鉴于除了"两会"还有"G20 峰会"的存在，若将"两会"直译为"two meetings"会给目标读者造成困惑。因此，译者增补了"两会"的具体内容，既未过多增加认知负担，又避免了可能的混淆，故为正互文偏离。在例 6.43 中，"国家电投团委"被译为"SPIC"。由于读者感兴趣的可能仅为委托方，而非受托方的具体部门，所以译者干脆删掉了"团委"这一要素，这对概念意义的传达也无伤大雅，属于正互文偏离。

源文本中语言文化资源的互文性主要体现在对双关修辞手法的运用，即对发音相同但意义不同的词语的巧妙运用。

例 6.44

ST：

2017 年，公司持续开展两期"中油伴 YOU"自驾游体验活动。

TT：

In 2017，the Company held two self-driving tours "<u>Travel with CNPC on the Silk Road</u>".

（中国石油天然气集团）

（语言文化资源的正互文偏离）

例 6.44 源文本中的"伴 YOU"既可以理解为"陪您"，也可以理解为"伴游"。双关之所以会导致不可译性，是因为源文本中音义结合的互文关系在目的语文本的互文网络中无论如何也不可能百分之百还原。"Travel with

CNPC on the Silk Road"这一祈使句具有直接的邀约功能,缩短了作者和目标读者之间的距离,从而用语法手段成功将源文本中词汇手段表达的"陪伴您"的含义进行了转移。同时,"Travel…on the Silk Road"明确了活动的形式和目的地。虽然翻译过程中源文本互文网络中的双关效果有所减少,但却最大限度地保留了概念和人际意义,可谓"一石二鸟",为典型的正互文偏离。

例 6.45

ST:

报告期内,本行推出"交行同心、健康共享"文化艺术体育"家"年华系列活动,活动贯穿线上线下,创新竞赛项目,提升趣味性、降低竞技参与门槛、扩大竞赛覆盖面,鼓励全员积极参与。

TT:

The "Home" carnival was launched and consisted of cultural, artistic and sporting activities both online and offline. The activities featured innovative and fun sports events, lowering the requirements for sporting prowess and encouraging broader participation.

(交通银行)

(语言文化资源的负互文对等)

根据《柯林斯英汉双解词典》的解释,"carnival"(嘉年华)是一个公众节日,其间人们会在街头演奏音乐,载歌载舞,或是在公园或田野上举办流动的表演,有设施可供乘坐,或游戏供人们娱乐。在源文本语境中,"'家'年华"主要指各种文化、艺术、体育等团建活动。汉语中"家"与"嘉"同音,一方面表达了员工广泛参与的盛大欢乐氛围,另一方面也暗含员工以公司为家的企业文化和以家为重的社会文化。然而,在翻译过程中,这种音义间的互文链条会不可避免地断裂,使得直译出现不地道表达。况且例 6.45 中"home"与"carnival"的内涵本就是互相矛盾的。基于上述原因,该操作被判定为负互文对等。

例 6.46

ST：　　　　　　　　　　TT：

福气暖南疆　　　　　　　Bringing <u>Warmth</u> to Southern Xinjiang in Winter

　　　　　　　　　　　　（中国石油天然气集团）

　　　　　　　　　　　　（语言文化资源的负互文偏离）

　　例 6.46 为 CSR 报告中某一案例的标题，主要内容是南疆天然气利民工程为当地民众提供了清洁能源，一方面保证了冬季取暖，另一方面也推动了当地经济的快速发展。因此，这里的"福气"既指天然气，也指天然气项目带来的一系列经济、社会和心理效应。然而，译者却简单地将其译为抽象名词"warmth"，通过浏览标题目标读者仍无法了解案例的核心内容，也不知是谁、通过何种方式给南疆带来了温暖。从这个意义上讲，该例并非一个有效的案例标题，故属于负互文偏离。

例 6.47

ST：　　　　　　　　　　TT：

2017 年，我们通过"<u>金秋助学</u>"、"一帮一"、"手拉手"结对子等多种行之有效的措施，帮扶各类困难员工。

In 2017, we helped employees in difficulty via campaigns such as "<u>donating tuition fees for the new semester</u>", "one-on-one assistance", and "hand-in-hand activity".

　　　　　　　　　　　　（中国石油天然气集团）

　　　　　　　　　　　　（社会历史文化资源的正互文偏离）

　　"金秋"不仅暗示企业开展公益助学活动的时间，更重要的是，暗示其背后隐含的中国文化意义，即中国大部分学校秋季开学时间都在 9 月，而这时是为困难学生提供学费资助为其解决后顾之忧的最佳时机。此外，"金"不失为一种修辞手法，承载着对莘莘学子在新学期的美好祝愿。译者褪去这一系列互文外壳，直接点出活动的本质，即"donating tuition fees"，同时以"for the new semester"照应"金秋"为新学期美好生活开始的寓意，在源文本和目的语文本间的互文杠杆上找到了一个最佳平衡位置，记作正互文偏离。

例 6.48

ST:

鞍钢集团助力社区文化教育事业，以<u>金秋助学</u>、捐书助学、设立助学基金等方式支持社区文化教育发展，为孩子们带去关爱与帮助。

TT:

Ansteel strives to support cultural and educational undertakings, support the development of community culture and education, and <u>provide care and help for children during golden autumn</u>, student assistance and book donation activity, and student assistance fund.

（鞍山钢铁集团）

（社会历史文化资源的负互文对等）

相比之下，例 6.48 中，将"金秋"直译为"golden autumn"，给目标读者留下了"只在秋季给予学生关爱和帮助，但原因不详"的印象，且"provide care and help"措辞过于笼统，降低了企业社会履责实践的可信度。鉴于此，该例记作负互文对等。

例 6.49

ST:

新时代<u>东风</u>正劲，中国梦党建在先

TT:

The Strong <u>East Wind</u> of the New Era and the Priority of the Party Construction in Building the Chinese Dream

（国家电力投资集团）

（社会历史文化资源的负互文对等）

"东风"在中国文化中一般具有吉祥的寓意，由此衍生出诸多含有"东风"的惯用语和诗句。如在"万事俱备，只欠东风"中，其含义引申为

"行动中作用最大的关键性因素"。在例 6.49 的具体语境中，"东风"指新时期改革发展的一切有利条件，但西方文化中的"东风"缺乏这样的联想意义。译者忽略了这一差异，将其直译为"east wind"，导致源文本中互文关系的断裂，是为负互文对等。

例 6.50

ST：

连续多年赞助并举办"<u>寿星新年宴会</u>"，邀请养老院 300 多名各族裔老人欢度新年。

TT：

Have sponsored and held the "<u>New Year Birthday Banquet for Elderly People</u>" for several consecutive years, having invited over 300 senior citizens of different ethnic groups from nursing homes to celebrate the New Year.

（中国石油天然气集团）

（社会历史文化资源的负互文偏离）

"寿星"是中国传统文化道教中的神仙，也是古代神话中的"长寿之神"。现在一般在老人生日当天称之为"寿星"，蕴含着对老人健康长寿的祝福。但例 6.50 源文本中"寿星"的内涵被缩小了，泛指高寿老人。"寿星新年宴会"即有老人参加的新年宴会。因此，目的语文本中的"New Year Birthday Banquet for Elderly People"扭曲了源文本的命题意义，属于负互文偏离。

6.4　总体质量陈述

在对 COSCR、COTCR 和 COOCR 就互文网络三个维度的各个参数开展量化对比，并对评估步骤进行定性论述后，我们又重新面临量化工作，即生成中国企业 CSR 报告互文翻译的总体质量陈述。总体质量陈述集中反映在 13 个参数的"再语境化得分"上。

借助 ParaConc 的双语索引功能，我们对 COSCR 中衔接手段的翻译实施了评估，发现在其 1413 个衔接性连词及副词的翻译中，有 857 个正互文对等、121 个正互文偏离、435 个负互文偏离（未出现负互文对等），前两者合计为 978 个正互文操作。将正互文操作的比例换算成百分制，可得 CSR 报告翻译在语法衔接上的再语境化得分为 69.2 分。

在词汇衔接方面，正互文操作率为 89.3%，负互文操作率为 10.7%，即再语境化得分为 89.3 分。

在 COSCR 的 318 个平行结构的翻译操作中，有 93 个正互文对等、165 个正互文偏离、46 个负互文对等和 14 个负互文偏离，前两者合计为 258 个正互文操作。因此，CSR 报告翻译在结构衔接上的再语境化得分为 81.1 分。

直接引用和间接引用均以小句为单位进行统计。结果显示，COSCR 中的 490 个引用包含 630 个小句单位，其中有 35 个正互文对等、306 个正互文偏离、244 个负互文对等和 45 个负互文偏离，前两者合计为 341 个正互文操作。引用上的再语境化得分为 54.1 分。

在 COSCR 的 31 个惯用语的翻译操作中，有 7 个正互文对等、14 个正互文偏离、7 个负互文对等和 3 个负互文偏离，前两者合计为 21 个正互文操作。惯用语上的再语境化得分为 67.7 分。

在 COSCR 的 96 个典故的翻译操作中，有 3 个正互文对等、33 个正互文偏离、52 个负互文对等和 8 个负互文偏离，前两者合计为 36 个正互文操作。典故上的再语境化得分为 37.5 分。

在 COSCR 的 36 个戏拟的翻译操作中，有 9 个正互文对等、14 个正互文偏离、11 个负互文对等和 2 个负互文偏离，前两者合计为 23 个正互文操作。戏拟的再语境化得分为 63.9 分。

在源文本 197 个（累计频次）子部分的翻译操作中，有 141 个正互文对等、1 个正互文偏离、54 个负互文对等和 1 个负互文偏离，前两者合计为

142 个正互文操作。结构互文性维度的再语境化得分为 72.1 分。

在源文本中报告简介的 112 个（累计频次）语轮的翻译操作中，有 76 个正互文对等和 36 个负互文对等，无偏离操作。在主席致辞的 75 个（累计频次）语轮的翻译操作中，有 59 个正互文对等和 16 个负互文对等，无偏离操作。对两体裁的得分（67.9 分和 78.7 分）取平均值，可得体裁互文性维度上的再语境化得分为 73.3 分。

在 COSCR 的 22666 个（累计频次）主题词的翻译操作中，有 17897 个正互文对等、3409 个正互文偏离、898 个负互文对等和 462 个负互文偏离，前两者合计为 21306 个正互文操作。主题词互文性维度上的再语境化得分为 94.0 分。

在 COSCR 的 818 个插图配文及新闻、案例标题的翻译操作中，有 305 个正互文对等、259 个正互文偏离、229 个负互文对等和 25 个负互文偏离，前两者合计为 564 个正互文操作。信息功能维度的再语境化得分为 68.9 分。

在 COSCR 的 9447 个评价性形容词及副词的翻译操作中，有 2077 个正互文对等、2344 个正互文偏离、3714 个负互文对等和 1312 个负互文偏离，前两者合计为 4421 个正互文操作。宣传功能维度的再语境化得分为 46.8 分。

在 COSCR 的 435 个文化负载资源的翻译操作中，有 246 个正互文偏离，155 个负互文对等和 34 个负互文偏离（未出现正互文对等）。文化负载资源互文维度的再语境化得分为 56.6 分。

综上所述，CSR 报告翻译的再语境化得分见表 6-20。

表 6-20　CSR 报告翻译的再语境化得分

参数	正互文对等	正互文偏离	负互文对等	负互文偏离	得分
语法衔接	857	121	0	435	69.2
词汇衔接	—	—	—	—	89.3
结构衔接	93	165	46	14	81.1

续表

参数	正互文对等	正互文偏离	负互文对等	负互文偏离	得分
引用	35	306	244	45	54.1
惯用语	7	14	7	3	67.7
典故	3	33	52	8	37.5
戏拟	9	14	11	2	63.9
结构	141	1	54	1	72.1
体裁	76/59	0	36/16	0	73.3
主题词	17897	3409	898	462	94.0
信息功能	305	259	229	25	68.9
宣传功能	2077	2344	3714	1312	46.8
文化负载资源	0	246	155	34	56.6

需要指出的是，本书未涉及权重的设定，因此不能简单地将上述每个参数上的平均得分作为 CSR 报告翻译的再语境化总分。一方面，由于参数数量众多，无疑使权重的设定异常复杂。另一方面，各参数对互文翻译中功能传递的相对重要性本身就难以量化，值得进行独立的深入研究。因此，可对中国企业 CSR 报告互文英译的质量作出总体陈述。

由于本书采用百分制，因此设定 60 分为"及格分数"。根据表 6-20 的统计结果，在 13 个评估参数中，有 4 项得分低于 60 分，只有 3 项得分高于 80 分，其余 6 项都在 60~80 分。这表明，中国企业 CSR 报告互文英译的总体质量达标，但不充分。

6.5 小结

本章阐述了中国企业 CSR 报告互文翻译的评估步骤。

首先，在自互文、语篇互文性和文化互文维度的 13 个参数上，对

COSCR、COTCR 和 COOCR 进行对比。

　　其次，探究 COSCR 中互文符号的操作，进一步进行正负赋值，并以正互文偏离、负互文对等和负互文偏离的具体语例进行阐释。

　　最后，将正互文操作（包括正互文对等和正互文偏离）的比例折算成百分制，得到 CSR 报告翻译在 13 个参数上的再语境化得分。结果表明，总体来看，中国企业 CSR 报告互文英译的总体质量达标，但不充分。

第7章 应对负互文操作的再语境化策略

基于第5章互文信号识别和第6章翻译操作评估的研究结果，本章将探讨中国企业CSR报告互文翻译中负互文操作的成因，并据此归纳可以改善语料库中负互文操作的再语境化策略。在修正阶段，从固有语言差异、写作习惯以及社会、历史、自然因素角度对负互文操作的成因开展跨文化分析。在成因分析及第二阶段评估结果的基础上，总结出实现再语境化的翻译策略和子策略，并结合本书语料库中的典型语例提供改译建议。具体而言，受话语分析领域改适转换四种类型的启发，本书提出了CSR报告互文翻译中的五种再语境化策略，即要素重组、要素替换、要素添加、要素删除、要素转化，分别包含若干子策略。

7.1 负互文操作的成因分析

本节将从中英语言的固有语言差异、写作习惯以及社会、历史、自然因素三个方面分析负互文操作的成因。

7.1.1 固有语言差异

意合与形合。众所周知，汉语是重意合的语言，英语是重形合的语言。

汉语抛弃了一切无用的附属装置，在表达思想时采取的是思维向语言直接外化的方式。而英语是屈折语，表达思想时采取的是间接的方式，其中必须有一个形式/形态程式装置，接受思维的投射，才能转化为语言的表层结构（刘宓庆，1991）。因此从语言结构上来讲，汉语相对松散，而英语注重严谨。这种严谨性主要是靠显性的句法手段和词汇衔接来凸显语篇内的逻辑关系，如附加、对比、转折等。也就不难理解为何 COOCR 中衔接性连词及副词的使用频次显著高于 COSCR，而在语法衔接维度上的负对等是译者未能注意到这种语言差异导致的。此外，汉语句法的嵌套缺乏显性标记，有些句法复杂的嵌引若按源文本中的结构直译后放置引号内可能造成语法错误，导致信息传递不畅，形成引用上的负对等。

重复与变化。相对来说，汉语为了追求音韵和谐或结构对称，习惯通过词汇重复追求语篇内的连贯性，但英语偏向于使用不同的词汇使表达更富于变化性。正如统计结果显示，无论是 TTR 还是 STTR，COOCR 和 COTCR 都高于 COSCR，但由于范化的翻译共性，英语不喜重复的特点被过度强调，导致词汇衔接维度出现了负偏离。此外，COSCR 中存在大量语义重复、起强调作用的词汇，但译者若未能准确识别并采取删减策略，就会造成目的语文本中的冗余表达。

软性与硬性。西洋语法是硬的，没有弹性；中国语法是软的，富于弹性（王力，1984）。在主述结构上，汉语是主题优势，而英语是主语优势。汉语常常省略句子成分，本书语料库中最典型的就是大量动宾平行结构及无主语的插图配文与新闻、案例标题。相反，英语对主谓有着严格要求。因此，译者如果忽略了这一差异，在结构衔接和信息功能维度就会因对源文本中动词结构的直译而产生负对等。此外，汉语中存在众多语义抽象的"万能动词"，其搭配宾语的随机性导致要素内涵扩大。通过主题词翻译的分析可知，由于译者未对动词要素具化处理，可能造成信息功能维度的负对等。

7.1.2 写作惯例

抒情与说理。在说理性文章中讲英语的人写起来和中国人不同，在语气上和措辞上不那么强硬或富有战斗性，其指导思想是让事实本身说话（邓炎昌、刘润清，1989）。在写作风格上，中国企业的 CSR 报告更注重抒情，色彩渲染强烈，读来慷慨激昂。美国企业的 CSR 报告则更注重说理，倾向于列举事实材料对观点进一步阐释，娓娓道来，内敛含蓄。因此，CO-SCR 中的评价性形容词及副词的使用频率远远高于 COOCR。译者若不适当降低该类词语的使用频率，过度修饰可能会引起目标读者的反感，从而导致宣传功能维度上的负对等。

人证与法证。蔡基刚（2001）认为，在论证习惯上，汉语强调人证，喜欢引经据典，但很少指明出处。英语倾向于法证，善于引用权威专家的理论和数据事实。由于源语读者共享的文化背景，COSCR 中使用了较多未指明出处的典故，给目标读者带来了理解上的困难。而不采取任何策略的直译势必会造成困惑与误解，导致典故上的负对等。

7.1.3　社会、历史、自然因素

权力距离。跨文化研究领域普遍认为，相较于西方国家，东方国家的权力距离相对更大。反映在语言层面，汉语历来倾向于用第三人称表达观点。COSCR 中常用公司名称指代报告主体，这种第三人称视角可以在包含和不包含报告者之间切换。如果直译公司名称，不利于拉近报告主体与目标读者的距离，从而造成主题互文维度的负对等。

高语境与低语境。根据 Hall（1977）对文化倾向的分类，中国文化属于高语境文化，大部分信息可以从具体语境或人际关系中解读，很少体现为清晰的语言编码。美国文化则属于低语境文化，要靠明确的、公开的细节性信息维持交际需要。因此，COOCR 中"报告简介"的"主要内容"和"更多信息链接"是必选语轮，便于读者迅速掌握报告的主要架构，快捷获取企业的其他相关信息资料。如果译者未能按照目的语的体裁惯例作出相应调整，则会导致体裁互文维度的负对等。

集体主义与个人主义。集体主义与个人主义是由荷兰心理学家霍夫斯泰德最初提出的，是用以衡量不同国家文化差异的四个文化维度之一。该

维度能够判断某一社会更注重个人利益还是集体利益。在个人主义倾向的社会中人际关系是松散的，人们更关心自己及自己的小家庭；而在集体主义倾向的社会中，人们更注重族群内部关系，关心其所在的大家庭。牢固的族群关系可以给人们以持续的保护，而个人则必须对族群绝对忠诚。根据霍夫斯泰德对使用 20 多种语言的 72 个国家的调查，中国是典型的集体主义社会，美国则是个体主义社会。中国企业倾向于缔造一种家文化，以增强员工凝聚力，树立良好的企业形象和利益相关方关系。因此，COSCR 中出现了诸多彰显家文化的文化负载成分，且多为隐喻用法，直译会造成目的语读者的困惑，导致文化互文维度的负对等。

长期与短期导向。长期与短期导向是霍夫斯泰德基于其他学者的理论补充发展的另一文化维度。中国人对未来持有的期望和担忧程度普遍高于美国人，属于长期时间导向。因此，COSCR 中的"未来展望"无论作为报告的子部分还是"主席致辞"的语轮，频次均明显高于 COOCR。然而，译者忽略了中美时间导向差异，均作出了对等翻译，导致了结构互文和体裁互文维度的负对等。

文化意象缺失或内涵不对等。还有些负操作是译者未能意识到目的语文化中文化意象的缺失或其内涵不对等造成的。如王进喜、鲁班、詹天佑、雷锋、郭明义等是中国社会特有的具有典故性质的人物，但译者均只作了音译处理，对文化意义的传达意义不大。再以"黑猫"的处理为例。译者忽略了其在中美文化中的不同内涵，将其直译成"black cat"，导致了典故层面的负对等。

自然因素。自然因素也会影响翻译操作。以"新时代东风正劲，中国梦党建在先"为例。众所周知，东西方地域有别。中国大陆东面大海，西依崇山高原，于是东面来风自然和煦温暖，西面来风萧杀寒冷。欧洲大陆与东方相反，西面来的是海风，带来清凉与润泽万物的雨水，东风来自欧洲内陆的高山大川，多令人生寒生畏。相应地在中国文化中，"东风"通常具有吉祥的寓意，而在西方文化里，常受人赞誉的则是西风。译者未能察觉自然因素带来的文化差异，直译"东风"，无疑造成了负对等。

7.2 应对负互文操作的再语境化策略

在批评话语分析中，社会实践要素通过改适转换被重组、替换、添加或删除，以适应重置的新语境。相应地，在互文翻译中，译者需要将作为这一特殊社会事件要素的互文符号再语境化。因此，在翻译语境中借用改适转换类型作为总策略，结合体裁特征考虑，添加"转化"作为实现 CSR 报告互文翻译再语境化的第五种策略。下面对 CSR 报告互文翻译中的五种再语境化策略及其各自子策略进行阐述，必要时辅以语料库中的语例及对应改译进行说明。

7.2.1 要素重组

所再现的社会实践要素不一定按照其出现的实际顺序呈现。要素重组是指要素受新语境中的利益、目标和价值观的影响以各种方式重新排序（van Leeuwen & Wodak，1999）。就 CSR 报告翻译而言，主要涉及源文本中宏观子部分和语轮顺序的调整。据观察，源文本中的报告简介常出现在整篇报告开端的前言部分，而在目的语可比文本中常作为附录出现在报告尾部。译者可相应地将这一子部分调整至报告的第三部分。其他子部分和报告简介、主席致辞的语轮在顺序上未发现显著差异。

7.2.2 要素替换

通过替换，社会实践的实际要素被替换为代表其他内容的其他要素。就 CSR 报告的互文翻译而言，要素替换进一步包含四种子策略，即单位转换、意象替代、句法投射、视角转移。

7.2.2.1 单位转换

在报告具体数字时，可能涉及文化特有的计量单位。如"亩"是中国市制而非国际通用的土地面积单位，音译成"mu"会使目标读者对报告数字毫无概念。为避免信息功能传递失效，可换算成国际通用单位（一亩约等于666.667平方米，15亩约等于1公顷），如例7.1。

例7.1

ST：	TT：	Modif：
全村已种植葛根约500亩，覆盖农户235户1182人。	So far, it has planted about 500 mu of Pueraria Mirifica in collaboration with 235 rural households（1,182 farmers）in Qinglong Village. （中国五矿集团） **（社会历史文化资源的负互文对等）**	So far, it has planted nearly 34 hectares of Pueraria Mirifica in collaboration with 235 households covering 1,182 farmers in Qinglong Village.

各个国家的行政区划单位也不尽相同。如"县（county）"在日本、美国和中国分别属于一级、二级和三级行政区划单位。换言之，中国的"县"比美国的"county"小。如例7.2至例7.4。

例7.2

ST：	TT：	Modif：
共承担17个县25个单位的对口帮扶任务（其中定点扶贫6县2村），共拨付援助资金1250.7万元。	Undertake the tasks to help 25 units in 17 counties（including targeted poverty reduction efforts in 6 counties and two targeted villages），providing total aid funds of RMB12.507 million. （中国五矿集团） **（社会历史文化资源的负互文对等）**	We're responsible for poverty alleviation in 17 towns covering 25 units（including 6 targeted towns and 2 targeted villages），offering a total of 12.507 million yuan of aid funds.

企业社会责任报告的互文翻译质量评估研究

例 7.3

ST：
茨城筑波光伏项目位于日本茨城县筑波市。

TT：
The Ibaraki Tsukuba Photovoltaic Project is located in Ibaraki County, Tsukuba City of Japan.
（国家电力投资集团）
（社会历史文化资源的负互文对等）

Modif：
The Photovoltaic Project is located in Tsukuba City, Ibaraki Prefecture, Japan.

例 7.4

ST：
2017 年 3 月，秘鲁 24 个大区有 13 个大区遭遇严重的暴雨和泥石流灾害。

TT：
In March 2017, 13 of Peru's 24 regions were hit by serious floods and mudslides.
（华为）
（社会历史文化资源的正互文对等）

"Town" 是美国的三级行政单位，一般指小于 "city" 的区域，基本对应汉语中小于市但大于乡的行政单位 "县"。日本的 "县" 在英文中惯称 "prefecture"。"大区" 则是秘鲁的一级行政单位，固定指称为 "region"，而非泛指具体区域的 "district"。受政治历史因素影响，源文本中同一要素在目的语中的对等概念可能不同。翻译此类单位名词时要区分语境，将其替换成目的语行政区划中对应层级的单位，避免一味直译造成的误解。

7.2.2.2 意象替代

意象替代适用于目的语文化中恰好存在与源文本中形式不同但功能对等的意象的情形，翻译时可直接进行相应要素替换，而无须再作其他更改，如将 "第一个吃螃蟹的人" 译作 "the first man to try tomato"，将 "节约一分钱比赚一分钱容易" 译作 "saving a cent is easier than earning a cent" 等。

· 146 ·

例 7.5 是对"黑猫"翻译中意象替代策略的运用。

例 7.5

ST：	TT：	Modif：
"黑猫一号"，是首个由万科物业自主研发的智能机器门。	"Black Cat One" is the first smart door independently developed by Vanke Property. （万科） （典故的负互文对等）	"Hachiko I" is the first intelligent door independently developed by Vanke Property.

如上一章所述，黑猫在西方文化中的消极内涵使原译"black cat"成为负对等，此处尝试将其改译为"Hachiko"。"Hachiko"是在美国上映的一部根据日本真实故事改编的电影的主人公——一条秋田犬的名字。一方面，和中国文化不同，狗在西方人心中会产生忠诚、陪伴的积极联想意义；另一方面，看过这部电影的人知道，Hachiko 无论风雨每天接送主人上下班的故事非常让人感动。将"黑猫"改译成"Hachiko"，将智能机器人拟人化，让人们觉得智能机器人仿佛是每天在小区门口守望主人上下班，保护主人安全的忠犬，符合西方人对这类产品功能的期待，实现了文化因素的再语境化。

CSR 报告作为一种典型的多模态商务文本，其翻译的改适转换不仅涉及内容上的信息要素，还涉及形式上的板块设置。这一改适转换形式亦表现在内容和形式两方面。如在例 7.6 中，华为公司在介绍其全球手机回收系统时，在源文本中插入了中国区线上以旧换新平台的插图和网址，而在目的语文本的相应位置替换为目标国家平台插图、配文及网址，解决了目标读者的切实需求。

意象替代类似于 Baker 提出的"文化替换（cultural substitution）"，即用不具有相同命题意义但会对目标读者产生类似影响的目的语意象替换特定文化的意象。这一策略的主要优点在于它为读者提供了一个熟悉的、有吸引力的且可识别的概念（Baker，1992）。

例 7.6

ST：

TT：

（华为）

（插图配文的正互文偏离）

7.2.2.3 句法投射

句法投射适用于源文本中的某种结构可通过句法手段直接投射为目的语中对应的另一结构的情形。以 CSR 报告中的动宾平行结构为例，由于这种平行结构各行都不会很长，直接译成对应的动名词短语也不会造成阅读负担，如例 7.7。

例 **7.7**

ST：	TT：	Modif：
促进社区发展	Promote community development	Promoting community development
保护社区环境	Protect community environment	Protecting community environment
增加社区就业	Increase local employment	Increasing local employment
	（中国石油天然气集团）	
	（结构衔接的负互文对等）	

7.2.2.4 视角转移

视角转换主要是指通过第一人称代词的使用，操纵目标读者与报告主体之间的距离。CSR 报告的中英翻译是从权力距离较大的读者群转移到权力距离较小的读者群，涉及报告主体时可适当译成相应的第一人称代词，增强目的语文化中利益相关方对报告主体的信任度与亲近感。如例 7.8。

例 **7.8**

ST：	TT：	Modif：
作为"共和国钢铁工业长子"，鞍钢人秉持"创新、求实、拼争、奉献"的企业精神，以攻坚克难的磅礴力量……立足岗位，为鞍钢打胜扭亏增效攻坚战贡献力量。	As the "Eldest Son of the Steel Industry of the Republic", Ansteel's staff members hold on to the spirit of "innovation, pragmatism, striving, devotion" and the perseverance to solve difficulties…They base themselves on their positions and make contributions to stopping losses and making profits for Ansteel Group. （鞍山钢铁集团） **（主题互文性的负互文对等）**	As the "Eldest Son of the Steel Industry of China", we hold on to the spirit of "innovation, pragmatism, striving, devotion" and solve difficulties with great perseverance…We are committed to fulfilling our duties, making contributions to reducing losses and increasing profits for Ansteel Group.

7.2.3 要素添加

再语境化不仅涉及对正在发生的社会实践详细或概括、抽象或具体、叙述性或说明性的再现，还涉及在再现中添加要素（van Leeuwen & Wodak，1999）。针对 CSR 报告互文翻译的具体情形，进一步区分了两种添加策略，包括直译充实和成分显化。

7.2.3.1 直译充实

Baker（1992）认为，当某一文化负载词条在源文本中反复出现时，可使用外来词加释义的翻译方法。这样做的好处是，一经释义，外来词就可单独使用，读者不仅能够理解词义，也不会被进一步冗长的解释分散注意力。CSR 报告翻译中的直译充实包括音译加解释和直译加解释两种策略。

音译加解释。CSR 报告在陈述企业所获荣誉和认可时，常会列出所获奖项名称，其中一些奖项带有典故性的人名，如"鲁班奖""詹天佑奖"等，代表该人物所从事领域较高级别的奖项。对此，目的语文本多采用音译，但对目标读者来说，这些拼音文字均不具备概念意义。可采取以下策略：首先，由于文化意象的缺失，人名部分只能音译，但为了使要素发挥彰显企业成就的功能，须辅之以必要解释，说明奖项在源文化中具有的社会地位与认可程度。如例 7.9、例 7.10。

例 7.9

ST：	TT：	Modif：
2017 年，湛江钢铁基地全面进入生产经营，成为宝钢股份现金成本最优的生产基地，炼钢工程于 2017 年荣获"鲁班奖"。	In 2017, the iron and steel base came into full production, becoming the most cost – effective production base of Baosteel. The steelmaking project won the 2017 Luban Prize for Construction Project.	In 2017, the iron and steel base came into full production, becoming the most cost－effective production base of Baosteel. The steelmaking project won the 2017 Luban Prize, which is the blue

（中国五矿集团）

（典故的负互文对等）

ribbon for construction quality in China.

例 7.10

ST:	TT:	Modif:
荣获<u>中国土木工程詹天佑奖</u>3项。	We won 3 <u>Zhan Tianyou Civil Engineering Awards.</u>（中国五矿集团）**（典故的负互文对等）**	3 projects won <u>Tien－yow Jeme Prizes, the highest honor for scientific and technological innovation of civil engineering in China.</u>

直译加解释。直译加解释的再语境化策略主要适用于源文本中"数字+缩略语"的嵌引，如"六不发生""四合格四诠释"等。大部分情况下，英文也具备这种造词能力，但因其临时性和互文背景的缺失，直译无法完整再现嵌引的命题意义。译者可以在通过直译保留嵌引形式的同时，列出省略内容，充实嵌引意义，以确保沟通的有效性，如例7.11、例7.12。

例 7.11

ST:	TT:	Modif:
"十三五"期间，我们将加快战略调整……以"四减四增"战略为调整路径，	During the 13th Five-Year Plan period, we will pace up strategic adjustments to carry out a new survival and	During the 13th Five-Year Plan period, we will accelerate strategic adjustments for a new survival and development strategy that adapts

构建与新形势相适应的鞍钢生存发展新战略。

development strategy that adapted to the new situation … which adjusts the development path according to the strategy of "Four Subtractions and Four Increases".

（鞍山钢铁集团）

（嵌引的负互文对等）

to the new situation, guided by the principle of "Four Reduces and Four Increases", that is, "reducing surplus and backward industries, coal consumption, highway transportation volume and the use of fertilizers and pesticides, and increasing new growth momentum, the use of clean energy, railway transportation volume and the use of organic fertilizers".

例 7.12

ST：
中国海油倡导"安全标志行为"和"五想五不干"现场作业行为准则。

TT：
CNOOC always advocates "Safety Standard Behaviors" and on-site operation behaviour guidance of "Five Dos and Five No-dos".

（中国海洋石油集团）

（嵌引的负互文偏离）

Modif：
We always advocate "Standards of Safety Behaviors" and an on-site code of conduct featuring "Five Nos" (No operation in case of unknown risks, no operation in case of inadequate safety measures, on operation in case of absence of safety tools, no operation in case of unqualified safety environment and no operation in case of insufficient safety skills).

House（2006）指出，显性翻译和隐性翻译的提出与其他一些翻译类型的区分无本质不同，如 Schleiermacher（1813）的异化翻译和融合翻译、归化和异化、直译和意译等。从这个意义上讲，CSR 报告翻译中直译充实的子策略实际上是显性翻译的两种具体方式。

7.2.3.2 成分显化

由于汉语意合的特征，英语中常用显性手段表达的成分在汉语中往往被隐去，在 CSR 报告中主要体现为源文本中作为逻辑关系标志的衔接性连词及副词常被省去，插图配文及新闻、案例标题常以无主语短语或句子的形式出现。翻译时可将隐去的成分显化，明确标注背后的逻辑关系和新闻事件所涉主体，以顺应目的语的用语习惯。如例 7.13、例 7.14。

例 7.13

ST：	TT：	Modif：
公司狠抓经营管理，千方百计提质增效，经营成果实现预期目标。	The company made great efforts to enhance operation management, tried its utmost to improve quality and efficiency, and attained predefined performance targets. （中国华能集团） **（语法衔接的负互文对等）**	We make great efforts to enhance operation and management on the one hand, and try our utmost to improve quality and efficiency on the other hand. As a result, expected goals have been achieved in our business.

例 7.14

ST：	TT：	Modif：
关爱帮扶道德模范，开展金秋助学资助	Helping our moral models and supporting education （中国华能集团） **（新闻标题的负互文对等）**	Huaneng Northern Power funds Moral Models and children of employees

7.2.4 要素删除

在大多数情况下，再语境化以去语境化为前提，而去语境化必然涉及删除策略。Corder（1973）指出，去语境化就是剔除语言使用的特色。因此，翻译时首先要去除源语境中的文化特征，而互文翻译中的文化特征通常体现为各种互文符号。当目的语中缺乏可以通过替代或转化策略以实现目标语境期待的要素，或因某一要素含义对目的语文本构建的价值不足以抵消冗长解释给读者带来的注意力的分散产生的影响，因而没有必要翻译时，译者可对该要素选择删除，以避免目标读者的误解或对过多无用信息的反感。CSR 报告的互文翻译包含三种要素删除策略，分别为结构省略、去文化化和冗余移除。

7.2.4.1 结构省略

通过比较 CSR 报告源文本和目的语可比文本的宏观结构及典型体裁的语轮、语步，译者可对目的语可比文本中未出现的源文本中的子部分和语轮、语步进行省略处理。据观察，就结构来说，CSR 报告源文本中的前言部分中组织结构、产业布局和党建等子部分，以及附录部分中未来展望、术语表、全球契约履行和反馈表等子部分在目的语可比文本中是缺失的。就报告简介和主席致辞的语轮结构来说，前者的开始年份、报告主体和语言版本，以及后者的表达问候和政治责任等语轮，在目的语可比文本中也是缺失的，均应予以删除。

7.2.4.2 去文化化

在不影响概念意义传递的情况下，译者对较难转移，目标读者又不感兴趣而没有必要译出的双关、社会历史文化资源、文学引用、典故及政治文化概念等可以直接删除，通过去文化化最大限度地减轻翻译负担及读者认知负担，如例 7.15 至例 7.18。

例 7.15

ST：

持续开展"一升油、一生情"加油站捐助、高考服务、勤工俭学等主题活动。

TT：

We launched activities such as the service station donation "one liter of oil, one lifetime of kindness" for students during the college entrance exams and work-study programs.

（中国石油天然气集团）

（语言文化资源的负互文对等）

Modif：

We organized donations at service stations, provided service for students during college entrance exams and launched work-study programs.

例 7.16

ST：

2018 年，我们将继续肩负强军强企责任，不忘初心、牢记使命，增强"四个意识"，坚定"四个自信"，勠力推进创新驱动、军民融合高质量发展，为全面谱写中船重工新的发展篇章而努力奋斗！

TT：

In 2018, we will continue to shoulder the responsibility of strengthening our army and companies, and we will not forget our early intentions and remember our mission. We will strengthen our "four consciousnesses", strengthen our "four confidences", and make every effort to promote innovation and high-quality civil-military integration. We will fulfill ourselves to writing a new chapter of development of CSIC.

（中国船舶重工集团）

（嵌引的负互文对等）

Modif：

In 2018, we will continue to fulfill our responsibility of strengthening the army and the company, and make every effort to promote innovation and civil-military integration, striving for the development of CSIC.

例7.17

ST:	TT:	Modif:
无锡分行举办第九届职工体育运动会暨职工文化体育艺术"家"年华活动	The 9th sports meeting and "Home" carnival at the Wuxi branch （交通银行） **（社会历史文化资源的负互文对等）**	The 9th sports meeting and <u>carnival</u> at the Wuxi branch

例7.18

ST:	TT:
"让社区回归业主，物业行业的本质不是去收钱，而是要把钱花好，把钱花好了，不用摇一摇，业主也会把钱给我们的。"——万科集团高级副总裁兼物业事业部首席执行官朱保全	"Communities should be geared to the needs of owners. The essence of property management is not collecting money, but making a good use of the money. In this way, owners will be willing to pay for our service." —Zhu Baoquan, Senior Vice President of Vanke Group and CEO of Property Division （万科） **（社会历史文化资源的正互文偏离）**

例7.15中的"一升油、一生情"运用双关语，为加油站捐助活动命名。由于这种语言文化互文性在翻译过程中难以保全，又对概念意义的传递影响不大，所以直接将其删除。例7.16中的"四个意识""四个自信"是中共中央政治局会议最早提出来的概念，旨在加强党建，规范党内政治生活。这类信息对目标读者价值不大，因此直接删除，并对上下文其他内容进行了整合。例7.17中的要素"家"一方面运用了双关修辞，另一方面彰显了企业的家文化理念。如果直译既难以再现修辞效果，目标读者又无法与源文本读者产生互文共鸣，因此直接删除。例7.18源文本中的发话人

提到了微信的"摇一摇"功能。微信是中国社会通用的通信软件，其内嵌的摇一摇功能可实现用户连接，物业以此作为敦促业主缴纳物业费的一种手段。由于目的语文化中该文化现象的缺失，通过翻译对其解释着实没有必要。因此译者删除了这一要素，译成"be willing to"，成功传达了物业合理管理开支与业主缴费主动性之间的因果关系。

7.2.4.3　冗余移除

冗余移除的子策略主要针对因汉语偏爱重复或过度渲染导致的语义重叠要素。译者可根据具体语境选择其一，简化表达，如例 7.19。

例 7.19

ST：	TT：	Modif：
中国华能集团公司作为以发电为主业的国有重要骨干企业，业务涉及电力、煤炭、金融、科技及交通运输等产业。	As an <u>important</u> state-owned <u>backbone</u> enterprise mainly engaged in power generation, China Huaneng Group is also involved in industries including power, coal, finance, technology and transportation. （中国华能集团） **（评价性形容词的负互文对等）**	China Huaneng Group is a <u>key</u> state-owned enterprise mainly engaged in power generation, with a wide business scope covering electric power, coal, finance, technology and transportation.

如上一章所述，"重要"和"骨干"是两个判断资源，表示对报告主体在中国地位的积极评价。中文倾向于使用语义重叠的要素对命题内容加以强调，而英语则不然。因此，将两者合二为一，避免了冗余表达。

7.2.5　要素转化

要素转化与要素替换的适用情况不同。当源文本中的要素能作为触发语激活目的语中的对等物时，通常选择要素替换。二者的区别在于，要素转化多适用于因目的语中缺乏对等要素而不得不对源文本内容或结构进行深入调整的情况。CSR 报告的互文翻译包含五种要素转化策略，分别为去形取义、语法协调、内涵缩减、具体化、抽象化。

7.2.5.1 去形取义

汉语喜欢引经据典。在 CSR 报告源文本中，尤其在主席致辞、企业文化陈述、未来展望等具有宣传与抒情性质的"软文本"中，常会出现文学引用、惯用语等。这类要素一般语法独立，其深层含义依赖于具体语境。译者可脱去其语言外壳，将其体现的企业社会责任履行实践明确化。如例 7.20。

例 7.20

ST:	TT:	Modif:
读万卷书，行万里路，在帮助员工快速成长方面，公司在东莞松山湖和贵州投入建设员工实践基地，为员工提供深入一线实践的机会，帮助员工熟悉为客户创造价值的场景，了解公司的服务和解决方案，深刻体会以客户为中心的文化。	Practice makes perfect. To help employees grow their careers more rapidly, in 2017 Huawei built two practice bases in China—one in Guangdong and another in Guizhou. In these bases, employees learn how things work in the field, how we create value for customers, what services and solutions Huawei has, and what our culture of customer-centricity is all about. （华为） **（文学引用的负互文偏离）**	Huawei attaches great importance to practice. To help employees develop their careers more rapidly, in 2017 we built two practice bases in Guangdong and Guizhou, where employees learn in practice how we create values for customers, what services and solutions we have, and what our customer-oriented culture is all about.

例7.20源文本中典故的字面意思是"人应该多阅读，多旅行"，寓意一方面要丰富自己的理论知识，另一方面要学以致用。译者将其译为英文俗语"practice makes perfect"，但"practice"与源文本中"读万卷书，行万里路"的内涵不同，强调反复训练对掌握某一技能的重要性。因此，应扩展源文本的语用意义，将其重译为"Huawei attaches great importance to practice"，充分发挥CSR报告的宣传功能。

7.2.5.2 语法协调

弱化平行结构。当源文本中的平行结构无须或无法最大限度地在目的语文本中予以保留时，译者可以通过弱化平行结构，将其转换为结构上不平行的最优表达。如例7.21。

例7.21

ST：	TT：	Modif：
关注社区发展	Focusing on Community Development	Community Development
建立和谐社区	Building a Harmonious Community	Building a Harmonious Community
确保核电安全	Ensuring the Safety of Nuclear Power	Nuclear Power Safety
	（国家电力投资集团）	

（结构衔接的负互文偏离）

目的语文本中的三个动名词短语被改译为2个名词+名词短语和1个动名词短语，通过弱化动词主导，使标题表达更加简洁，正文的核心内容更加突出。

词性丰富。译者可将源文本中连续出现的评价性形容词及介词转换成其他词性，使目的语文本的表达更丰富、更地道。如例7.22。

例 7.22

ST:	TT:	Modif:
公司<u>坚定不移</u>深化改革、<u>不遗余力</u>推进创新、<u>稳步</u>实施国际化战略、<u>全面</u>落实从严治党，深化改革<u>稳步</u>推进，经济效益行业领先，目标任务<u>圆满</u>完成。	By <u>firmly</u> deepening reform, the company <u>spared no efforts</u> in promoting innovation, <u>steadily</u> implementing the internationalization strategy, and <u>comprehensively</u> strengthening Party self-governance. As a result, we boasted a <u>steady</u> progress of deepening reforms, and economic results that were leading in the industry. We <u>successfully</u> attained our goals and completed our tasks.	Due to our <u>great efforts in</u> deepening reform, promoting innovation, implementing internationalization strategy, and strengthening Party self-governance, we boasted a <u>steady</u> progress of reform deepening and economic results that were leading in the industry, achieving our goals as expected.

（中国华能集团）

在例 7.22 中，译者对源文本中的 6 个副词进行了保留，且大部分采用了直译方法，在目的语文本相应位置上产生了 4 个副词、1 个动词短语和 1 个形容词。改译则将评价性形容词及副词的使用频次降至最低，将信息重组为 1 个动词短语和 1 个形容词，避免目标读者对抽象副词过度修饰与堆叠的反感。

7.2.5.3　内涵缩减

对于内涵广泛的抽象动词，译者可根据具体语境对其适当缩减，使表述更准确。如例 7.23。

例 7.23

ST：	TT：	Modif：
重点管理工程施工建设对水资源的影响以及运营中的泄漏事故风险。	We focused on <u>managing</u> the impact on water resources by construction projects and the risk of leakage accidents during pipeline operations. （中国石油天然气集团） **（主题互文性的负互文对等）**	We focused on <u>reducing</u> the impact on water resources of construction projects and the risk of leakage accidents during pipeline operations.

　　如前所述，"管理"作为动词，其内涵往往要比"manage"宽泛，后者多指"组织、企业或系统管控"。例 7.23 中，考虑到"管理"一词的 2 个宾语是"影响"和"风险"，将其重译为"reduce"，缩小了源文本中能指的内涵，不仅使命题意义的传达更为准确，而且有利于<u>宣传企业在环境保护方面社会责任实践的实际效果，间接树立正面的企业形象。

7.2.5.4　具体化

　　对于"数字+缩略语"形式的嵌引，除了上文提到的直译充实，也可直接用具体内容替代抽象引用（如例 7.24）。插图配文与新闻、案例标题中语义宽泛的要素也可具体化处理，以达到完整、准确传达信息的目的（如例 7.25）。

例 7.24

ST：	TT：	Modif：
2016 年，公司一方面推进人才队伍建设，做好"两高"人才选拔工作。	The Company promoted human resource development in 2016, focusing on selection of <u>professionals who met certain conditions</u>. （中国华能集团） **（嵌引的负互文偏离）**	We promoted human resource development in 2016, focusing on the selection of <u>high-level and high-skilled talents</u>.

例7.25

ST:	TT:	Modif:
福气暖南疆	Bringing Warmth to Southern Xinjiang in Winter（中国石油天然气集团）（语言文化资源的负互文偏离）	CNPC's Gas Pipeline Projects Bring Benefits to Southern Xinjiang

例7.24中，"两高"所指的内容并不复杂，因此将其具体化，将公司选拔人才的标准直接传达给目标读者。例7.25中，将目的语文本中作为动名词的案例标题改译为一般现在时的句子，通过增加主语，使目标读者知晓社会责任的承担方。更重要的是，将抽象名词"warmth"具化为中国石油天然气集团有限公司项目的具体名称，"benefits"一词的使用保留了天然气管道项目给当地居民带来物质和精神温暖的双重含义，使企业社会责任实践的效果真实可信。

7.2.5.5 抽象化

与具体化相反，对于一些文化负载资源，译者可将具体的能指泛化为源语文化和目的语文化共享的所指，以缩小目标读者和源语读者之间的"互文鸿沟"，确保信息的准确、有效传递。如例7.26~例7.29。

例7.26

ST:	TT:	Modif:
新时代东风正劲，中国梦党建在先	The Strong East Wind of the New Era and the Priority of the Party Construction in Building the Chinese Dream（国家电力投资集团）（社会历史文化资源的负互文对等）	Party Construction is Our Top Priority under the Favorable Conditions in the New Era

例 7. 27

ST：	TT：	Modif：
联接未联接，让更多人享受数字经济红利	Connecting the Unconnected and Allowing More People to Enjoy the Digital Dividend （华为） **（社会历史文化资源的负互文对等）**	Connecting the Unconnected and Granting More People the Benefits of Digital Economy

如第 6 章所述，"东风"在东西方文化中具有不同的联想意义。因此，例 7. 26 在改译中将"east wind"的具体意象泛化为"favorable conditions"，通过缩减二者互文空白，避免了直译带来的分歧。在例 7. 27 中，"红利"作为金融术语，指上市公司分配给股东的利润，其英文对等语为"dividend"。但源文本中"红利"的内涵意义被扩大，泛指数字经济所能带给利益相关者的各种福利。由于"红"带有颜色隐喻，寓意喜庆、祥和、发财，源于中国传统文化对红色的喜爱和发红包的传统习俗，用"红利"指代"福利、利益"顺理成章。而英文中的"dividend"特指利润分配，并无与汉语类似的联想意义。改译为"benefits"更好地传达了"红利"的社会文化含义，体现了企业的公民责任，塑造了正面的企业形象（徐珺、肖海燕，2016）。

例 7. 28

ST：	TT：	Modif：
华为致力于做从数字世界走向智能世界的桥梁，做连通万物的"黑土地"。	Huawei is dedicated to acting as a bridge，helping to bridge the digital and intelligent worlds. We are the "fertile soil" in which everything and everyone can connect and thrive. （华为） **（社会历史文化资源的负互文对等）**	We are dedicated to bridging the digital and intelligent worlds，and providing an environment where everything and everyone is inter-connected.

例 7.29

ST:

这三个要素也是提升核心
竞争力和盈利能力的关
键，更是生产经营的"牛
鼻子"。

TT:

The three key elements···are also critical for improvement in core competitiveness and profitability, and more importantly, the <u>determining factors</u> in production and operation.

（中国华能集团）

（社会历史文化资源的正互文偏离）

中国的农耕文化历史悠久。天人合一、亲近自然的传统思想以及第一产业的重要地位与农民人口比例较大的现状，使 COSCR 中不乏农业隐喻。例 7.28 中，"黑土地"多指东北平原的肥沃土壤，引申为适宜新事物成长的客观环境。由于很难断定该互文关系能否在西方文化中产生同等效应，因此对"黑土地"的意象进行泛化处理，直接改译为"environment"。例 7.29 中，"牛鼻子"常用以比喻关键因素，因为农夫牵牛时如果牵住牛鼻子，牛就会乖乖跟着农夫走。译者舍弃了源文本中的互文语境，将"牛鼻子"译成"determining factors"，使其隐喻含义一目了然。

至此，我们已经介绍了 CSR 报告互文翻译中的所有再语境化策略及其子策略，如图 7-1 所示。

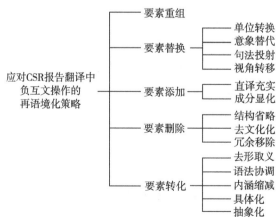

图 7-1　应对 CSR 报告翻译中负互文操作的再语境化策略

7.3　小　结

本章回答了本书研究的第三个问题。首先，从固有语言差异、写作习惯以及社会、历史、自然因素角度对负互文操作的成因进行了跨文化分析。其次，在话语分析四种改适转换类型的基础上补充了第五种，作为 CSR 报告翻译中的再语境化策略，分别为要素重组、要素替换、要素添加、要素删除和要素转化。要素替换包含单位转换、意象替代、句法投射、视角转移四个子策略；要素添加包含直译充实、成分显化两个子策略；要素删除包含结构省略、去文化化、冗余移除三个子策略；要素转化则包含去形取义、语法协调、内涵缩减、具体化、抽象化五个子策略。

参考文献

［1］Adnan, S. M. , D. Hay & C. J. van Staden. The influence of culture and corporate governance on corporate social responsibility disclosure: A cross country analysis ［J］. Journal of Cleaner Production, 2018（198）: 820-832.

［2］Aiezza, M. C. "We may face the risks" … "risks that could adversely affect our face." A corpus-assisted discourse analysis of modality markers in CSR reports ［J］. Studies in Communication Sciences, 2015, 15（1）: 68-76.

［3］Alikhademi, A. The application of House's model on Langman's Medical Embryology and its Persian translation ［J］. British Journal of Education, 2015, 3（2）: 1-20.

［4］Allen, G. Intertextuality ［M］. London: Routledge, 2000.

［5］Al-Qinai, J. Translation quality assessment: Strategies, parameters and procedures ［J］. Meta, 2000, 45（3）: 497-519.

［6］Amman, M. Anmerkungen zu einer theorie der übersetzungskritik und ihrer praktischen anwendung ［J］. TEXTconTEXT, 1990（6）: 55-62.

［7］Baker, M. In Other Words: A Coursebook on Translation ［M］. London & New York: Routledge, 1992.

［8］Barthes, R. Theory of the text ［A］. In R. Young（ed.）. Untying the Text: A Post-structuralist Reader ［C］. Boston: Routledge, 1981: 39.

［9］Bensoussan, M. & J. Rosenhouse. Evaluating students' translations by discourse analysis ［J］. Babel, 1990, 36（2）: 65-84.

[10] Bernstein, B. The structure of pedagogic discourse: Class, codes and control [M]. London: Routledge, 1990.

[11] Bhatia, V. K. Analyzing genre: Language use in professional settings [M]. London: Longman, 1993.

[12] Bloom, H. Poetry and repression [M]. Yale: Yale University Press, 1976.

[13] Bowen, H. Social responsibilities of the businessman [M]. New York: Harpor & Row, 1953.

[14] Brooks, C. & I. Oikonomou. The effects of environmental, social and governance disclosures and performance on firm value: A review of the literature in accounting and finance [J]. The British Accounting Review, 2018, 50 (1): 1-15.

[15] Bühler, K. Sprachtheorie. Die darstellungsfunktion der sprache [M]. Jena/Stuttgart: Fischer, 1934/1965.

[16] Carroll, A. B. A three-dimensional conceptual model of corporate performance [J]. Academy of Management Review, 1979, 4 (4): 497-505.

[17] Carroll, A. B. The pyramid of corporate social responsibility toward the model of management organizational stakeholders [J]. Business Horizons, 1991, 34 (4): 39-48.

[18] Catford, J. C. Translation shifts [A]. In L. Venuti (ed.) . The Translation Studies Reader (2nd ed.) [C]. Abingdon & New York: Routledge, 2000: 141-147.

[19] Corder, S. P. Introducing applied linguistics [M]. Middlesex: Penguin Education, 1973.

[20] Culler, J. The pursuit of signs: Semiotics, literature, deconstruction [M]. London & New York: Routledge, 1981.

[21] Davis, K. Can business afford to ignore social responsibilities? [J]. California Management Review, 1960 (2): 70-76.

[22] de Villiers, C. & D. Alexander. The institutionalisation of corporate social responsibility reporting [J]. The British Accounting Review, 2014, 46 (2): 198-212.

[23] Desmet, M. K. T. Intertextuality/intervisuality in translation: The jolly postman's intercultural journey from Britain to the Netherlands [J]. Children's Literature in Education, 2001, 32 (1): 31-43.

[24] Dik, S. C. The theory of functional grammar [M]. Berlin & New York: Mouton de Gruyter Dunn, 1997.

[25] Fairclough, N. Discourse and social change [M]. Cambridge: Polity Press, 1992.

[26] Fairclough, N. Analyzing discourse: Text analysis for social research [M]. London: Routledge, 2003.

[27] Farahzad, F. Translation as an intertextual practice [J]. Perspectives, 2009, 16 (3 & 4): 125-131.

[28] Federici, E. The translator's intertextual baggage [J]. Forum for Modern Language Studies, 2007, 43 (2): 147-160.

[29] Fitzsimmons, J. Romantic and contemporary poetry: Readings, 2013 [EB/OL]. http: //moodle. cqu. edu. au.

[30] Fuoli, M. Assessing social responsibility: A quantitative analysis of appraisal in BP's and IKEA's social reports [J]. Discourse & Communication, 2012, 6 (1): 55-81.

[31] García, A. & E. María. Dwelling in marble halls: A relevance-theoretic approach to intertextuality in translation [J]. Revista Alicantina de Estudios Ingleses, 2001 (14): 7-19.

[32] Génette, G. Palimpsestes. La littérature au second degré [M]. Paris: Seuil, 1982.

[33] Hall. E. T. Beyond culture [M]. New York: Anchor Books Editions, 1977.

［34］Halliday，M. A. K. & C. M. I. M. Matthiessen. An introduction to functional grammar（3rd ed.）［M］. London：Edward Arnold，2004.

［35］Harsha，R. Towards a cross-cultural poetics of the contact zone：Romantic，modernist，and soviet intertextualities in Boris Pasternak's translations of Titsian Tabidze ［J］. Comparative Literature，2007，59（1）：63-89.

［36］Hatim，B. & I. Mason. Discourse and the translators ［M］. London：Longman，1990.

［37］Hermans，T. Translation，equivalence and intertextuality ［J］. Wasafiri，2003，18（40）：39-41.

［38］Hickey，L. The pragmatics of translation ［M］. Shanghai：Shanghai Foreign Language Education Press，2001.

［39］Holmes，J. The name and nature of translation studies ［A］. Presented at the 3rd International Congress of Applied Linguistics ［C］. Copenhagen，1972.

［40］House，J. Translation quality assessment ［M］. Tubingen：Gunter Narr Verlag，1977.

［41］House，J. Translation quality assessment：A model revisited ［M］. Tubingen：Gunter Narr Verlag，1997.

［42］House，J. Text and context in translation ［J］. Journal of Pragmatics，2006（38）：338-358.

［43］House，J. Translation quality assessment：Past and present ［M］. London & New York：Routledge，2015.

［44］Jakobson，R. Closing statement：Linguistics and poetics ［A］. In T. A. Sebeok（ed.）. Style in Language ［C］. Cambridge，MA：MIT Press，1960：350-377.

［45］Jamali，D. The case for strategic corporate social responsibility in developing countries ［J］. Business and Society Review，2007，112（1）：1-27.

［46］Jenny，L. The strategy of forms ［A］. In T. Todorov（ed.）. French literary theory today：A reader ［C］. New York：Cambridge University Press，

1982: 34-63.

[47] Jiang, C. Z. Quality assessment for the translation of museum texts: Application of a systemic functional model [J]. Perspectives: Studies in Translatology, 2010 (2): 109-126.

[48] Johnson, C. Intertextuality and translation: Borges, Browne, and Quevedo [J]. Translation and Literature, 2002 (11): 174-194.

[49] Kade, O. Zufall und Gesetzmäßigkeit in der Übersetzung [J]. Beihefte zur Zeitschrift Fremdsprachen, 1968, 1. Leipzig: Enzyklopädie.

[50] Kargarzadeh, F. & A. Paziresh. Assessing the quality of Persian translation of Kite Runner based on House's (2014) functional pragmatic model [J]. International Journal of English Language & Translation Studies, 2017, 5 (1): 117-126.

[51] Kershaw, A. Intertextuality and translation in three recent French holocaust novels [J]. Translation and Literature, 2014 (23): 185-196.

[52] Khabir, S. & M. R. F. Q. Fumani. An assessment of the translations of English lyrics in world's six different music style based on Hurtado's model of error analysis [J]. Linguistics and Literature Studies, 2013, 1 (3): 157-163.

[53] Koller, W. Einführung in die Übersetzungswissenschaft (11th ed.) [M]. Tübingen: Francke, 2011.

[54] Komalesha, H. S. Translation, tradition and intertextuality [J]. Orbis Litterarum, 2014, 69 (3): 230-245.

[55] Koskela, M. Occupational health and safety in corporate social responsibility reports [J]. Safety Science, 2014 (68): 294-308.

[56] Kristeva, J. Desire in language: A semiotic approach to literature and art [M]. Oxford: Blackwell, 1969.

[57] Kristeva, J. The kristeva reader [M]. Oxford: Basil Blackwell, 1986.

[58] Lemke, J. L. Ideologies, intertextuality, and the notion of register [A]. In Benson & W. Greaves (eds.). Systemic Perspectives on Discourse

[C]. Norwood: Ablex Pub. Corp, 1985.

[59] Liao, P. C. , J. Xue, B. Liu & D. Fang. Selection of the approach for producing a weighting scheme for the CSR evaluation framework [J]. KSCE Journal of Civil Engineering, 2015, 19 (6): 1549-1559.

[60] Littau, K. Translation in the age of postmodern production: From text to intertext to hypertext [J]. Forum for Modern Language Studies, 1997, 33 (1): 81-96.

[61] Malinowski, B. The problem of meaning in primitive languages [A]. In C. K. Ogden & I. A. Richards (eds.). The Meaning of Meaning [C]. New York: Harcourt, Brace and World, 1923: 296-336.

[62] Maon, F. , A. Lindgreen & V. Swaen. Designing and implementing corporate social responsibility: An integrative framework grounded in theory and practice [J]. Journal of Business Ethics, 2009, 87 (1): 71-89.

[63] McEnery, T. , R. Xiao & Y. Tono. Corpus based language studies: An advanced resource book [M]. London: Routledge, 2006.

[64] Mounin, G. Die Übersetzung. Geschichte, Theorie, Anwendung [M]. München: Nymphenburger, 1967.

[65] Munday, J. Introducing translation studies: Theories and applications [M]. London: Routledge, 2001.

[66] Munday, J. Evaluation in translation: Critical points of translator decision-making [M]. London & New York: Routledge, 2012.

[67] Neather, R. Intertextuality, translation, and the semiotics of museum presentation: The case of bilingual texts in Chinese museums [A]. Semiotica, 2012: 197-218.

[68] Neubert, A. Elemente einer allgemeinen theorie der translation [A]. In Actes du Xe Congrès International des Linguistes [C]. Bucharest, 1970: 451-456.

[69] Newmark, P. About translation [M]. Clevedon & Philadelphia: Mul-

tilingual Matters, 1991.

[70] Newmark, P. A textbook of translation [M]. Shanghai: Shanghai Foreign Language Education Press, 2001.

[71] Nida, E. Language and culture: Contexts in translation [M]. Shanghai: Shanghai Foreign Language Education Press, 2001.

[72] Nida, E. & W. Reyburn. Meaning across cultures [M]. American Society of Missiology Series. New York: Orbis Books, 1981.

[73] Parast, M. M. & S. G. Adams. Corporate social responsibility, benchmarking, and organizational performance in the petroleum industry: A quality management perspective [J]. International Journal of Production Economics, 2012, 139 (2): 447-458.

[74] Peng, Hongyan. An intertextual study on English-Chinese translation of electronic products advertisements [D]. Xi' an: Xi' an International Studies University, 2018.

[75] Pym, A. Exploring translation theories [M]. London: Routledge, 2010.

[76] Qiu, Y. , A. Shaukat & R. Tharyan. Environmental and social disclosures: Link with corporate financial performance [J]. The British Accounting Review, 2016, 48 (1): 102-116.

[77] Reiss, K. Möglichkeiten und Grenzen der Übersetzungskritik [M]. Munich: Hueber, 1971.

[78] Riffaterre, M. L'intertexte inconnu [J]. Litterature, 1981, 41: 4-7.

[79] Riffaterre, M. Production du roman: L'intertexte du Lys dans la vallee [J]. Texte, 1984 (2): 23-33.

[80] Rolls, A. Intertextuality as translatability: Regimenting space in Barry Maitland's La Malcontenta [J]. Australian Journal of French Studies, 2013 (2): 189-205.

[81] Sakellariou, P. The appropriation of the concept of intertextuality for

translation-theoretic purposes [J]. Translation Studies, 2015, 8 (1): 35-47.

[82] Sardinha, I. D. , L. Reijnders & P. Antunes. Using corporate social responsibility benchmarking framework to identify and assess corporate social responsibility trends of real estate companies owning and developing shopping centres [J]. Journal of Cleaner Production, 2011, 19 (13): 1486-1493.

[83] Schaffer, C. Intercultural intertextuality as a translation phenomenon [J]. Perspectives: Studies in Translatology, 2012, 20 (3): 345-364.

[84] Schleiermacher, F. Über die verschiedenen methoden des Übersetzens [A]. In Hans-Jürgen Störig (ed.). Das Problem des Übersetzens [C]. Darmstadt: Wissenschaftliche Buchgesellschaft, 1813: 38-70.

[85] Scott, M. WordSmith tools manual [M]. Oxford: Oxford University Press, 1996.

[86] Sebeok, T. A. Encyclopedic dictionary of semiotics, vols 1-3 [M]. Berlin: Mouton de Gruyter, 1986.

[87] Sheldon, O. The philosophy of management [M]. London: Pitman, 1924.

[88] Swales, J. M. Genre analysis English in academic and research settings [M]. Cambridge: Cambridge University Press, 1990.

[89] Tabrizi, H. H. , A. Chalak & A. H. Taherioun. Assessing the quality of Persian translation of Orwell's Nineteen Eighty-Four based on House's model: O-vert-Covert translation distinction [J]. Acta Linguistica Asiatica, 2014, 4 (3): 2012-2022.

[90] Thawabteh, M. A. The ubiquity of intertextuality: A case of Arabic-English translation [J]. Komunikacija i kultura, 2012, 3 (3): 102-112.

[91] Tsalis, T. A. , M. S. Stylianou & I. E. Nikolaou. Evaluating the quality of corporate social responsibility reports: The case of occupational health and safety disclosures [J]. Safety Science, 2018 (109): 313-323.

[92] van den Broeck, R. Second thoughts on translation criticism: A model

of its analytic function [A]. In T. Hermans (ed.). The Manipulation of Literature [C]. New York: St. Martin's Press, 1985: 54-62.

[93] van den Broeck, R. Contrastive discourse analysis as a tool for the interpretation of shifts in translated texts [A]. In J. House & S. Blum – Kulka (eds.). Interlingual and Intercultural Communication [C]. Tübingen: Narr, 1986: 37-47.

[94] van Leeuwen, T. & R. Wodak. Legitimizing immigration control: A discourse-historical analysis [J]. Discourse Studies, 1999, 1 (1): 83-120.

[95] Venuti, L. Translation, intertextuality, interpretation [J]. Romance Studies, 2009, 27 (3): 157-173.

[96] Wang, D. M. & X. M. Guan. An Analysis of appraisal in CEO corporate social responsibility statements [J]. Theory and Practice in Language Studies, 2013, 3 (3): 459-465.

[97] Williams, M. The application of argumentation theory to translation quality assessment [J]. Meta, 2001, 46 (2): 326-344.

[98] Williams, M. Translation quality assessment: An argument – centered approach [M]. Ottawa: University of Ottawa Press, 2004.

[99] Wilss, W. The science of translation [M]. Tubingen: Gunter Narr Verlag, 1982.

[100] Worton, M. & J. Still. Intertextuality: Theories and practices [M]. Mancheter & New York: Manchester University Press, 1990.

[101] Zekri, A. & Z. Shahsavar. Quality assessment of Persian translation of English pharmaceutical leaflets based on House's model [J]. International Journal of English Language & Translation Studies, 2016, 4 (4): 67-76.

[102] 蔡基刚. 英汉写作对比研究 [M]. 上海: 复旦大学出版社, 2001.

[103] 曹山柯. 对"互文性"理论运用于国内翻译批评的反思 [J]. 中国翻译, 2012 (4): 91-95.

［104］陈怡然．CSR 报告的披露与资本成本关系的研究［D］．北京：北京交通大学，2016.

［105］程锡麟．互文性理论概述［J］．外国文学，1996（1）：72-78.

［106］崔婷婷．互文性与规范性法律文本的翻译［D］．重庆：西南政法大学，2017.

［107］蒂费纳·萨莫瓦约．互文性研究［M］．邵炜，译．天津：天津人民出版社，2003.

［108］邓炎昌，刘润清．语言与文化［M］．北京：外语教学与研究出版社，1989.

［109］樊桂芳．公示语翻译的互文性视角［J］．中国科技翻译，2010（4）：47-63.

［110］范守义．模糊数学与译文评价［J］．中国翻译，1987（4）：2-9.

［111］冯志杰，冯改萍．译文的信息等价性与传递性：翻译的二元基本标准［J］．中国翻译，1996（2）：19-25.

［112］顾建敏．关联理论视域下的文化意象互文性及其翻译［J］．外语教学，2011（5）：110-113.

［113］关海鸥，徐可心．模因论与互文性：文学翻译研究新视野［J］．东北师大学报（哲学社会科学版），2012（1）：97-100.

［114］侯国金．语用标记等效值［J］．中国翻译，2005（5）：30-35.

［115］胡开宝．语料库批评翻译学概论［M］．北京：高等教育出版社，2018.

［116］胡维．系统功能语言学视角下的诗歌翻译质量评估模式建构［D］．湘潭：湘潭大学，2009.

［117］黄念然．当代西方文论中的互文性理论［J］．外国文学研究，1999（1）：15-21.

［118］黄秋凤．文学作品中互文单位的翻译表征［D］．上海：上海外国语大学，2013.

［119］黄文英．互文性与翻译教学［J］．东南大学学报（哲学社会科学版），2006（3）：106-125.

［120］黄昕．互文性视角下英语经济新闻标题汉译研究［D］．广州：广东外语外贸大学，2017.

［121］李多．互文性视角下习近平系列论述摘编俄译本的翻译批评研究［D］．天津：天津外国语大学，2017.

［122］李晓敏，杨自俭．译文评价标准新探索［J］．上海科技翻译，2003（3）：372-378.

［123］李屹．互文与视域融合：创造性翻译的诗学维度［J］．外语教学，2011（5）：100-104.

［124］李玉平．互文性新论［J］．南开学报（哲学社会科学版），2006（3）：111-117.

［125］李占喜．"关联域"视角中的互文性翻译［J］．语言与翻译（汉文），2005（1）：57-60.

［126］李正亚．孔帕尼翁"引用"互文性理论与汉英翻译作品研究［J］．上海翻译，2016（1）：65-70.

［127］李正亚．医学英语词汇的互文性生成及翻译［J］．中国科技翻译，2017（1）：8-11.

［128］李战子．功能语法中的人际意义框架的扩展［J］．外语研究，2001（1）：48-54.

［129］刘春燕．基于司显柱翻译质量评估模式的诗歌翻译质量评估研究——以《琵琶行》的两译本为例［D］．合肥：安徽大学，2017.

［130］刘军平．互文性与诗歌翻译［J］．外语与外语教学，2003（1）：55-59.

［131］刘宓庆．汉英对比研究的理论问题（上）［J］．外国语，1991（4）：8-18.

［132］龙江华．互文性与新闻英语语篇的翻译［D］．武汉：华中师范大学，2004.

［133］鲁硕．从互文性看翻译过程中的意识形态［J］．外语与外语教学，2008（12）：46-48.

［134］罗选民．互文性与翻译［D］．香港：岭南大学，2006.

［135］罗选民．耶鲁解构学派的互文性研究及其对翻译的启示［J］．外国文学研究，2012（5）：150-157.

［136］罗选民，黎土旺．关于公示语翻译的几点思考［J］．中国翻译，2006（4）：66-69.

［137］罗选民，于洋欢．互文性与商务广告翻译［J］．外语教学，2014（3）：92-96.

［138］吕桂．系统功能语言学翻译质量评估模式的实证与反思［J］．外语研究，2010（2）：64-69.

［139］穆雷．用模糊数学评价译文的进一步探讨［J］．外国语，1991（2）：66-69.

［140］齐丽云，张碧波，李腾飞．CSR 报告质量评价研究［J］．科研管理，2016：644-651.

［141］秦海鹰．互文性理论的缘起与流变［J］．外国文学评论，2004（3）：19-30.

［142］秦文华．在翻译文本新墨痕的字里行间——从互文性角度谈翻译［J］．外国语，2002（2）：53-58.

［143］秦文华．翻译主体定位的互文性诠释——由"话在说我"引发的思考［J］．解放军外国语学院学报，2005（4）：64-68.

［144］秦文华．翻译研究的互文性视角［M］．上海：上海译文出版社，2006.

［145］秦文华．互文性视角下的译学研究［J］．中国外语，2007（2）：74-79.

［146］邵斌，缪佳．互文性与诗歌衍译——以菲茨杰拉德和黄克孙翻译《鲁拜集》为例［J］．外语教学理论与实践，2011（4）：94-97.

［147］邵志洪．英汉平行结构对比研究［J］．四川外语学院学报，

2001（5）：58-62.

［148］邵志洪．英汉对比翻译导论［M］．上海：华东理工大学出版社，2010.

［149］司显柱．论功能语言学视角的翻译质量评估模式研究［J］．外语教学，2004（4）：45-50.

［150］司显柱．朱莉安·豪斯的"翻译质量评估模式"批评［J］．外语教学，2005（3）：79-84.

［151］司显柱．功能语言学与翻译研究——翻译质量评估模式建构［M］．北京：北京大学出版社，2007.

［152］司显柱．翻译质量评估模式再研究［J］．外语学刊，2016（3）：84-94.

［153］宋海风．CSR 报告信息披露质量的影响因素研究［D］．天津：天津财经大学，2014.

［154］谭载喜．翻译学［M］．武汉：湖北教育出版社，2000.

［155］王洪涛．互文性理论之于翻译学研究：认识论价值与方法论意义［J］．上海翻译，2010（3）：6-11.

［156］王海燕，刘迎春．互文视角下的合同法规翻译［J］．中国翻译，2008（6）：64-68.

［157］王力．中国语法理论［M］．济南：山东教育出版社，1984.

［158］王继慧．中医药典籍英译文与原文多元互文关系及应用探讨——从《黄帝内经》两种英译本翻译现象谈起［J］．辽宁中医药大学学报，2011（10）：167-170.

［159］王铭玉．符号的互文性与解析符号学——克里斯蒂娃符号学研究［J］．求是学刊，2011（3）：17-26.

［160］王树槐，王群．哈提姆的互文性翻译理论：贡献与缺陷［J］．解放军外国语学院学报，2006（1）：60-109.

［161］王云．司显柱翻译质量评估模式及其应用研究［D］．西安：西安外国语大学，2012.

［162］吴迪龙．互文性视角下的中国古典诗歌英译研究［D］．上海：上海外国语大学，2010．

［163］吴非，张文英．从互文性看翻译过程中译者的社会心理趋向［J］．外语学刊，2016（4）：130-133．

［164］武光军．当代中西翻译质量评估模式的进展、元评估及发展方向［J］．外语研究，2007（4）：73-79．

［165］吴新祥，李宏安．等值翻译初探［J］．外语教学与研究，1984（3）：1-10．

［166］吴钟明，邱进．互文性在广告翻译中的应用［J］．上海科技翻译，2004（2）：41-44．

［167］西风，汉雨．哲学与翻译的互文——从《问题式、症候阅读与意识形态》到 Althusser Revisited［J］．中国翻译，2017（6）：75-80．

［168］夏家驷，杨绍北．互文性给机器翻译带来的启示［J］．中国翻译，2004（3）：83-87．

［169］向红．互文翻译的语境重构——以《红楼梦》英译为例［D］．上海：上海交通大学，2011．

［170］辛斌．语篇互文性的批评性分析［M］．苏州：苏州大学出版社，2000．

［171］徐方赋．翻译过程中的互文性解构和重构——以 Liberalism 重译为例［J］．解放军外国语学院学报，2013（6）：93-107．

［172］徐珺，肖海燕．基于批评体裁分析（CGA）的商务翻译研究［J］．中国外语，2016（4）：20-28．

［173］雅克·德里达．书写与差异［M］．张宁，译．北京：生活·读书·新知三联书店，2001．

［174］杨汝福．他山之石，可以攻玉——评《功能语言学与翻译研究——翻译质量评估模式建构》［J］．外语与外语教学，2008（11）：63-64．

［175］杨焯，纪玉华．论互文文本翻译的可译性限度［J］．长春师范学

院学报，2003（1）：98-100.

[176] 袁英．互文性视域下的归化与异化 [J]．五邑大学学报（社会科学版），2003（3）：69-73.

[177] 章振邦．新编英语语法 [M]．上海：上海译文出版社，1981.

[178] 赵刚，汪幼枫．从互文性角度看汉英词典的翻译 [J]．国外外语教学，2006（4）：43-48.

[179] 赵静．互文性与翻译 [J]．山东外语教学，1999（4）：39-42.

[180] 赵秋荣，肖忠华．基于语料库的翻译研究：现状与展望——第四届"基于语料库的语言对比与翻译研究"国际学术研讨会综述 [J]．中国翻译，2015（2）：69-71.

[181] 甄晓非．互文性视域中的文化翻译研究 [J]．外语学刊，2014（2）：100-104.

[182] 郑文娟．态度系统视角下保险业与银行业 CSR 报告中企业形象建构对比研究 [D]．重庆：四川外国语大学，2018.

[183] 钟书能，李英垣．翻译方法新视野——翻译是互文意境中的篇章连贯重构 [J]．中国翻译，2004（2）：14-18.

[184] 祝朝伟．互文性与翻译研究 [J]．解放军外国语学院学报，2004（4）：71-74.

[185] 祖利军．《红楼梦》中俗谚互文性翻译的哲学视角——以"引用"为例 [J]．外语与外语教学，2010（4）：74-85.

[186] 左娅．社会责任报告发布量年均增两成 [EB/OL]．http：// gongyi. people. com. cn/n/2014/0113/c151132-24096538. html.